NEIHE GANGKOU ANDIAN XITONG
JIANSHE YU GUANLI

内河港口岸电系统建设与管理

主 编 王 伟 邢建旭

副主编 周佩祥 刘海峰

石 勇 孙 益

中国电力出版社
CHINA ELECTRIC POWER PRESS

内 容 提 要

本书共 6 章，主要内容包括港口岸电系统的技术发展与应用，内河港口岸电系统建设规范、施工技术和验收要求，内河港口岸电的运营与服务，以及内河港口岸电系统的运行维护。

本书为内河港口岸电系统的建设与运维提供技术借鉴与指导，适合作为港口岸电技术培训教材使用，或作为从事港口岸电行业的技术人员自学之用，也可作为港口岸电设计、研究和运营管理的参考书。

图书在版编目（CIP）数据

内河港口岸电系统建设与管理/王伟，邢建旭主编 .—北京：中国电力出版社，2020.8
ISBN 978-7-5198-4773-9

Ⅰ.①内…　Ⅱ.①王…　②邢…　Ⅲ.①内河—港口—岸电—电力系统—研究—中国　Ⅳ.①U635.95　②TM7

中国版本图书馆 CIP 数据核字（2020）第 123929 号

出版发行：中国电力出版社
地　　址：北京市东城区北京站西街 19 号（邮政编码 100005）
网　　址：http：//www. cepp. sgcc. com. cn
责任编辑：刘丽平　穆智勇
责任校对：黄　蓓　王海南
装帧设计：赵姗姗
责任印制：石　雷

印　　刷：三河市百盛印装有限公司
版　　次：2020 年 8 月第一版
印　　次：2020 年 8 月北京第一次印刷
开　　本：787 毫米×1092 毫米　16 开本
印　　张：10.75
字　　数：239 千字
印　　数：0001—1500 册
定　　价：55.00 元

编 委 会

前　言

我国是世界上造船和航运大国，港口的货物吞吐量已连续多年位列全球第一。随着国家经济建设和贸易发展，航运产业将在较长时期内保持繁荣状态，内河港口码头建设也将持续保持发展态势，船舶数量和密度将大幅增加。到港船舶采用燃油发电的模式，对环境的破坏和污染程度相当严重，已经对我国绿色生态环境建设和社会可持续发展带来较大影响。

党的十八大报告明确指出"必须把生态文明建设放在突出位置，融入经济建设、政治建设、文化建设、社会建设各方面和全过程，努力建设美丽中国，实现中华民族可续发展"，先后出台了《大气污染防治行动计划》《水污染防治行动计划》《关于加快推进生态文明建设的意见》等文件。针对船舶在到港、靠港期间会产生大量燃油废气排放，港口地区空气受到严重污染的问题，交通运输部先后出台了《船舶与港口污染防治专项行动实施方案（2015~2020年）》《珠三角、长三角、环渤海（京津冀）水域船舶排放控制区实施方案》，各港口码头岸电建设已逐步进入实施阶段。

一些发达国家采用岸电技术实施电能替代已发展多年，应用程度较高，成效明显。采用岸电技术，实施电能替代，实现到港、靠港船舶"零排放、零油耗、零噪声"，对于节能减排降噪、环境保护和可持续发展具有十分重要的意义。近年来，岸电技术在我国开始推广应用，并逐步得到广大人民群众的认可。

为加快推进绿色港口建设，统一内河港口岸电建设技术要求，保证岸电工程建设技术先进、经济合理、供用电安全可靠，国网浙江省电力有限公司湖州供电公司组织编写了《内河港口岸电系统建设与管理》。全书共6章，主要内容包括港口岸电系统的技术发展与应用，内河港口岸电系统建设规范、施工技术和验收要求，内河港口岸电的运营与服务，以及港口岸电系统的运行维护等。

内河港口岸电系统建设与管理是一个不断迭代发展的过程，相关认识和实践也在不断深化，由于编写人员水平所限，书中难免存在不足之处，恳请广大读者批评指正。

编　者
2020 年 8 月

目 录

第一章 概　　述

❖ 第一节　港口岸电技术发展与应用

一、港口岸电技术背景

近年来，我国在港口运输业发展过程中，港口建设水平、船舶制造及运输能力等发生了巨大变化。对外贸易不断扩大，港口运输业发展迅猛，全球十大集装箱港口有七个在中国，中国港口每年共处理全球三成的集装箱吞吐量。随着港口建设的步伐越来越快，船舶停靠码头的数量和密度大幅增加，需要消耗大量燃油，形成了规模壮观的"港口流动烟囱"。由于船舶燃油供电受船舶自身设备质量、规模、品质等局限性影响，燃油利用率不高、损耗严重，且船舶柴油机产生的过剩电能又不能储存，消耗了大量的能源，造成了大量浪费，也对环境造成了巨大的破坏。根据对部分港口的废气排放分析，42%的可吸入颗粒物 PM10 和 32%的 NO_x 是由靠港船舶产生的，因此靠港船舶是港口节能减排的关键对象。

随着世界各国节能减排、大气污染防治工作的不断推进，船舶停靠港口时对城市造成的大气污染问题已经引起各国政府部门及学者的重视。如欧盟从 2006 年开始建议为港口提供船舶岸电，随后颁布的《EU Directive 2005/33/EC—2010》法令，要求从 2010 年开始船舶在靠港时使用岸电；我国在 2013 年也发布《大气污染防治行动计划》，要求控制船舶造成的环境污染。

船舶岸电技术是指船舶在停靠港口期间，不再使用船上的辅机发电，船用照明、制冷、工程作业等用电设备改由码头提供电源供电，从而减少船舶大气污染物排放。港口岸电技术的使用不仅可减少污染物的排放，还可达到节能、降噪的目的。随着国家各种排放限值及节能减排相关扶持政策的不断出台，港口岸电技术的发展与应用已成为必然趋势。

二、国外岸电技术发展及应用

港口岸电技术最早在欧美发达国家的港口得到应用。1985 年，瑞典的斯德哥尔摩港首次建立岸电，给油轮供电；2000 年，ABB 公司向瑞典哥德堡港交付了全球第一套岸电系统，给滚装船供电，帮助该港降低停港船舶噪声和废气排放，优异的环保表现使得该港赢得了 2004 年欧盟颁发的"洁净海运奖"；2010 年，哥德堡港再次与 ABB 公司合作，研发了一套 3MVA/11kV，50Hz/60Hz 双频岸电系统，是当时全球规模最大的同类岸电系统；2002 年，美国阿拉斯加州的朱诺港采用岸电系统向 5 艘改造后的邮船供电，据估计，1 艘功率为 7MW 邮船停靠 13h 排放的硫化物、氮化物和 PM10 可减少

796lb（1lb=0.453 59kg）；2004年，美国洛杉矶港采用岸电技术向集装箱船供电后，船舶大气污染物排放量平均减少95％；2007年4月，国际标准化组织发布ISO/WD 29501《岸电供应标准草案》；2008年，西门子输配电集团推出新型船舶岸电系统；2009年，美国长滩港首次在油码头采用岸电系统，同年4月国际电工委员会发布公共可用规范IEC/PAS60092-510—2009《高压岸电联结系统》，阐明船舶使用高压岸电系统的相关技术要求；2009年，温哥华港开始为邮船提供岸电，成为全球第三个为邮船提供岸电的港口，2010年为57个航次邮船提供岸电，减少碳排放3000t；2010年，国际电气和电子工程师协会发布IEEE P1713《船岸电气联结标准》；2011年，美国洛杉矶港成功安装6.6kV/11kV高压岸电系统，供电容量达40MVA，可为单艘邮船提供20MW电力；2012年，纽约布鲁克林邮船码头投入使用岸电设施，每年能够减少100t氮化物、100t硫化物和超过6t特殊有害物质的排放；2013年，比利时安特卫普港的集装箱码头、泽布吕赫港、德国波罗的海的吕贝克港等也安装了岸电供电系统；2016年9月，ABB公司为印度V. O. Chidambaranar港提供印度首个岸电方案，采用PCS100静态变频器和ABB公司相关电气设备对港口及船舶进行升级改造，帮助印度政府实现经济增长并保护环境。

2018年9月，欧洲议会交通委员会支持取消对使用港口岸电的停靠船只的税收壁垒。在欧盟范围内，靠港船只使用岸电可获得永久性免税，将大大提高岸电使用量，并使港口及其周边社区从这些昂贵的投资中获得环保效益，有助于进一步改善空气质量和实现欧盟的气候目标。除此之外，还减少了停泊船只的噪声。

三、国内港口岸电技术发展及应用

船舶靠港使用岸电是降损节能、减少船舶污染物排放和噪声的有效手段。我国港口岸电技术起步较晚，2010年才首次采用高压岸电系统，之后靠港船舶使用岸电技术才逐步在全国推开。我国交通运输部十分重视岸电技术应用，早在"十二五"期间，先后出台了《"十二五"水运节能减排总体推进实施方案》《关于港口节能减排工作的指导意见》，在岸电标准规范、试点示范、技术研发、资金扶持、宣传培训等方面开展了大量工作，为岸电技术的推广应用奠定了良好基础。

2010年，交通运输部开始启动上海港、连云港、蛇口集装箱码头等共7个泊位船舶靠港使用岸电改造示范工作。连云港首次在国内实现高压船用岸电系统建设并应用于"中韩之星"邮船。连云港船舶岸电系统采用高/高变频方式，只需要一根高压电缆上船即可进行不间断供电。整个系统由岸上的高压变频电源和高压接线箱以及船上的高压电缆卷筒和船载变电站等两个子系统组成，系统容量为1.5MVA，输出6.6kV/50Hz和6.6kV/60Hz的电力。同年，上海港外高桥二期港区将移动式变频变压供电系统应用在多个泊位或码头，将我国港口电网交流电变换成适用于外国船舶的60Hz交流电和国内部分船舶的50Hz交流电，实现50Hz/60Hz双频供电。

2011年，交通运输部在《交通运输行业节能减排工作要点》中提出"继续推广应用靠港船舶使用岸电技术"，同时在《公路水路交通运输节能减排"十二五"规划》中也提出"推广靠港船舶使用岸电"。同年12月，黄骅港二期扩容码头200号泊位岸电系

统投入使用，该岸电系统供电容量 1.6MVA，采用三相四线输出 6kV/50Hz 电力，实

现单艘次到港船舶利用岸电比用辅机自发电节约 1.69 万元。按 2010 年到港 2893 艘次计，若黄骅港的到港船舶全部以岸电取代船舶辅机发电，每年将节省约 4900 万元燃油费用。2011 年，神华中海航运公司为其 4.6 万 t 散货船安装 6kV/50Hz 的高压岸电系统，并向中国船级社申请 AMPS 入级符号。同年 9月，河北远洋运输集团旗下 18 万 t 级散货船"富强中国"号在江苏连云港接

图 1-1　"富强中国"号成功接驳岸电

驳岸电成功，岸电与辅机供电切换一键即可完成，如图 1-1 所示。船上岸电设备采用了由连云港港口集团和河北远洋运输集团共同研制的高压变频数字化船用岸电系统，通过置于陆域后方变电站的高压变频装置将港口电网 6kV/50Hz 的交流电转换为 6.6kV/60Hz 的交流电，由码头的高压接电箱通过高压电缆直接上船，再通过置于船上的变压器将 6.6kV/60Hz 降压为船舶电力设备需要的低压电力。"富强中国"号成功接驳岸电技术后，全年可节约燃油成本 57 万元。

2013 年，江苏句容电厂码头建设岸电项目，供电容量 630kVA，输入 6kV/50Hz，经变压变频装置后输出 6.6kV/60Hz 或 6kV/50Hz。经隔离变压器降压后，可分别满足国内船舶低压供电 0.4kV/50Hz 和国外船舶低压供电 0.45kV/60Hz 的不同要求。

2015 年，江苏泗洪码头首个岸电入河工程建成投运，该岸电项目通过码头上的 5个岸电箱同时向靠港停泊的 45 艘船供电。同时，按照每年靠泊量 3600 艘次、平均停靠时间 40h 计算，码头月用电达 3 万 kWh，年用电量达 36 万 kWh，可减少船舶靠港成本 30%，节约燃油百余吨，减少碳化物和硫化物排放约 75t。同年，重庆首个智能港口岸电系统在朝天门码头正式投入使用。停靠朝天门八码头的船舶，将以港口岸电替代船舶辅机燃油供电，预计每年用于替代的电量至少 183.6 万 kWh，减少碳排放 1480t，减少燃油发电成本 292.8 万元。同年，交通运输部印发了《船舶与港口污染防治专项行动实施方案（2015～2020 年）》，提出大力推动靠港船舶使用岸电；推动建立船舶使用岸电的供售电机制和激励机制，降低岸电使用成本，引导靠港船舶使用岸电；开展码头岸电示范项目建设，加快港口岸电设备设施建设和船舶受电设施设备改造。还发布了《珠三角、长三角、环渤海（京津冀）水域船舶排放控制区实施方案》，提出在珠三角、长三角、环渤海（京津冀）水域设立船舶排放控制区；通过核心港口先行先试，排放控制区范围内逐步覆盖的方式，推广岸电及清洁能源使用，以控制我国船舶硫氧化物、氮氧化物和颗粒物的排放，改善我国沿海和沿河区域特别是港口城市的环境空气质量，全面控制船舶大气污染拉开序幕。

2016 年，修订实施的《中华人民共和国大气污染防治法》规定："新建码头应当规划、设计和建设岸基供电设施；已建成的码头应当逐步实施岸基供电设施改造。船舶靠

港后应当优先使用岸电"。国务院《"十三五"生态环境保护规划》《"十三五"节能减排综合工作方案》对推动船舶靠港使用岸电也提出了明确要求。《交通运输节能环保"十三五"发展规划》和《推进交通运输生态文明建设实施方案》明确要"制定港口岸电布局建设方案"。同年，连云港和上海港联合研发的岸电系统在上海洋山港投入使用，为台湾长荣的8000TEU集装箱船"长青号"成功供电18h。接用岸电期间，船和码头正常作业。船在接用岸电期间，最大负荷约2500kVA，船与岸也仅靠两根高压电缆完成供受电。同年，往返于连云港港和韩国仁川港的"紫玉兰"号客货船上的船载受电系统及船用岸电设备获得中国船级社颁发的首个入级证书，标志着该船所载岸电系统设备通过了中国船级社相关规范的检验，正式具备使用岸电并安全运行的能力。位于连云港27号泊位的船用岸电系统和"紫玉兰"号船载受电系统，是交通运输部首批船舶岸电示范项目之一。该项目于2015年开工建设，在岸基建设容量为3000kVA的变频电源，可同时供3艘船靠泊使用，在"紫玉兰"号上安装容量为1250kVA的船载岸电设备，对码头和船舶进行配套改造，采用的全套设备拥有自主知识产权。该项目建成后，仅"紫玉兰"号每年就可使用电量约120万kWh，减少SO_2排放42t，减少氮氧化物排放47.58t。

2017年，交通运输部发出《港口岸电布局建设方案（征求意见稿）》，要求综合考虑港口地理区位、吞吐量规模、靠泊能力等因素，统筹协同，系统规划，形成全面覆盖、层次分明、重点突出的港口岸电建设方案，分类型、有重点、分阶段推进港口岸电工程建设，有效控制靠港船舶大气污染物排放，推动重点区域大气污染联防联控，提升港口生态环境保护品质，促进绿色交通运输体系发展。同年7月《港口岸电布局方案》正式印发，明确到2020年底前，全国主要港口和排放控制区内港口50%以上已建的集装箱、客滚、邮轮、3000吨级以上客运和5万t级以上干散货专业化泊位，要具备向船舶提供岸电的能力，涉及16个省份、51个港口，共需完成493个岸电泊位改造。同年9月25日，靠港船舶使用岸电现场推进会暨京杭运河岸电全覆盖启动仪式在浙江湖州举行。交通运输部、国家能源局、国家电网公司三方签署战略合作协议，就共同推进靠港船舶使用岸电，进一步减少船舶污染排放建立战略合作关系。三方将发挥各自优势，重点在规划衔接、标准规范、运营机制、配套政策、优化服务、试点示范等方面开展合作。并明确今后两年，国家电网公司将积极推动京杭运河水上公共服务区绿色岸电全覆盖，全面推进东部沿海、长江沿线港口岸电工程建设，大力推动靠港船舶使用岸电，有利于实现水运的绿色、循环、低碳、可持续发展。

2018年，三峡坝区港口岸电全覆盖建设正式推进，年内将完成71家经营性码头（危险品码头除外）规范性港口岸电设施建设。10月，三峡库区首个港口岸电工程开始试运行，停靠在长江三峡坝区上游南岸的游轮使用上了岸上的清洁能源。据了解，由南瑞集团承建的三峡旅游母港岸电系统（见图1-2）采用10kV斜坡道远距离岸基供电系统，有效解决了码头坡道长、水位落差大、低压大容量远距离岸基供电难题。该岸电装置都具有标准化接口，可进行人机交互、扫码接电、实时结算，并具备完善的硬件保护、远程通信及数据交换功能，完全建成后可同时为6条趸船、12个万吨级泊位停靠的游轮提供清洁能源，能满足船舶在靠泊期间生产、生活等用电需求。同年，交通运输部发布了《内河码头船舶岸电设施建设技术指南》，标志着内河港口岸电建设技术将得到进一步重视。

图 1-2　三峡旅游母港岸电系统

⚓ 第二节　港口岸电系统的关键技术

一、港口岸电快速连接技术

船岸连接接插件主要用于户外及港口码头环境，实现船舶连接到岸基供电系统，从岸上传送电力给靠港船舶的功能。目前我国现有的港口，通航船舶种类繁多，对岸电的需求各不相同。为实现不同型号的船舶与港口岸电之间的电力交换，需要通过快速连接技术，将岸电电力传送给靠港船舶。按照港口实际运行中的需求，目前港口岸电快速连接技术主要分为标准化船岸连接技术和跨船连接技术两种。

（一）标准化船岸连接技术

标准化船岸连接技术是采用统一规格的标准化岸电接插件，实现岸电快速可插拔式连接。其目的是提高岸电设施的通用性，提升岸电使用的便捷性，降低岸电设施建设成本。

标准化岸电连接接插件主要包括岸基插头、插座及船用耦合器。岸电插头原则上应用于连接电缆的移动端，插座原则上应用于固定的电源侧。目前内河港口岸电主要采用低压大容量岸电、低压小容量岸电两种快速连接方式。

（1）低压小容量岸电快速连接方式：由船舶提供电缆并配备插头实现与港口岸电的快速连接，该方式主要用于干散货船、集装箱船、商品汽车滚装船等容量较小的船舶。

（2）低压大容量岸电快速连接方式：由岸电提供电缆并配备插头实现与船舶的快速连接，该方式主要应用于游轮和大型集装箱船等容量较大的船舶。

目前我国的标准化快速连接装置接插件通常包含 5 对触头，接插件电气参数及功能依据符合 IEC/PAS 80005-3《港口内公用工程接头进低压岸电连接（LVSC）系统　通用要求》中的电气参数及功能要求。标准化快速连接插头与插座如图 1-3 所示。

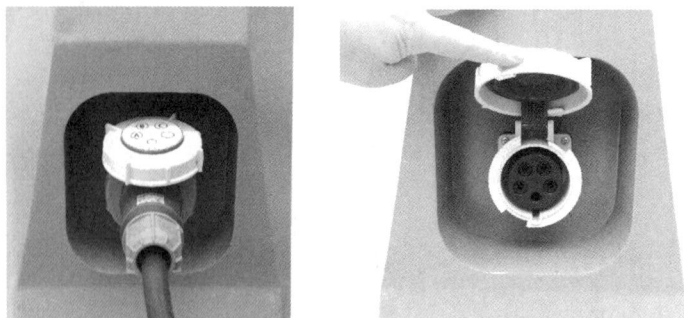

图 1-3　标准化快速连接插头与插座

(二)跨船快速连接技术

在港口的实际运行过程中,经常存在船舶并靠的情况,通过跨船快速连接技术,可解决船舶并靠系泊、趸船系泊、靠船墩系泊等岸电连接问题。按照接线方式的不同,主要分为 T 型接口连接技术和浮筒式连接技术。

(1)T 型接口连接技术。主要构件有插头、插座、计量设备以及小型电缆收纳卷盘。T 型接口连接技术结构如图 1-4 所示。

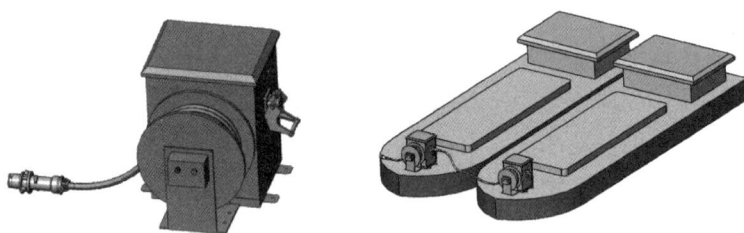

图 1-4　T 型接口技术结构示意图

(2)浮筒式连接技术。主要由浮筒式岸电插座来实现离供电设施较远的船舶提供电源,用于解决远距离跨船连接问题。浮筒式连接技术结构如图 1-5 所示。

图 1-5　浮筒式连接技术结构示意图

二、双频供电技术

在我国港区供电电源均来自电网的 50Hz 交流电,然而港口实际运行中靠港船舶的船舶用电频率存在 50Hz 和 60Hz 两种。为使港口岸电电源能够维持正常运作,在建设港口岸电时,相应的港口岸电电源应具备 50Hz/60Hz 双频供电技术,以满足来自不同国家、地区、不同频率用电船舶的电力需求。

实现双频供电技术必然需要通过变频技术，变频技术即通过相应的变频装置将陆上电网的 50Hz 交流电通过双频技术转换到 50Hz 和 60Hz 两种频率，最终实现港口岸电的电源输出能够满足 Q/GDW 11467.1《港口岸电系统建设规范》中规定的港口岸电系统供电电压和频率，实现双频供电。

传统的变频技术由直流电机拖动、异步电机拖动和直流调速技术来实现变频。自 20 世纪 70 年代开始，随着电力电子技术的不断发展，通过使用大功率元件来实现的交流调速技术已经不断发展成熟，逐步替代直流调速。为此在港口岸电实现双频供电技术时，主要通过电力电子元件来实现频率的转换，实现双频供电技术。

港口岸电系统双频技术是由变压变频装置、频率计和电量计量装置等装置组成，技术结构如图 1-6 所示。首先由频率计自动检测停靠船舶的用电频率，再通过变压变频装置对港口电网电压进行变压变频，并由电量计量装置分别计量 50Hz 和 60Hz 的电量，实现岸电系统的双频供电。

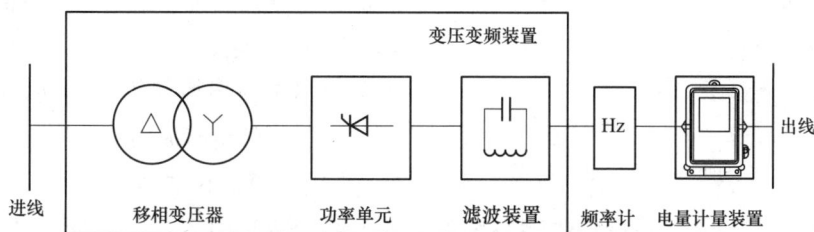

图 1-6 岸电系统双频技术结构示意图

变压变频装置作为岸电双频技术的核心装置，主要包括移相变压器、功率单元、滤波装置等。

移相变压器作为整流变压器的一种，由于采用的半导体整流装置具有单相导电作用，会引起交变磁场波形畸变，产生较大的谐波干扰。移相变压器的基本结构是将一次侧直接接入高压电网，二次侧根据功率单元的个数设置相应的若干个三相绕组，绕组采用延边三角形联结，将输出电源分为若干个不同的相位组，每个相位组互差一定的电角度，移相降压后作为功率单元的电源进行下一步转换。移相变压器的使用能够有效消除整流过程中产生的幅值较大的低次谐波。

功率单元是整个变压变流装置的核心元件，采用三相输入、单相输出的"交—直—交"脉宽调制（PWM）电源型逆变器结构，将相邻功率单元的输出端串接起来，形成 Y 形结构，将若干个功率单元串联组合即可实现满足相关要求的连续电源输出。变压变频装置采用功率单元作为变频装置的核心部件，功率单元为半导体元件，在变换过程中不可避免地会产生一定的谐波，直接影响到输出电源的电能质量，进而直接影响相应用电设备的稳定和寿命。因此，需要为变压变频装置加装相应的滤波装置，滤波装置通常采用正弦波滤波器进行谐波抑制。

变压变频装置的典型结构如图 1-7 所示。

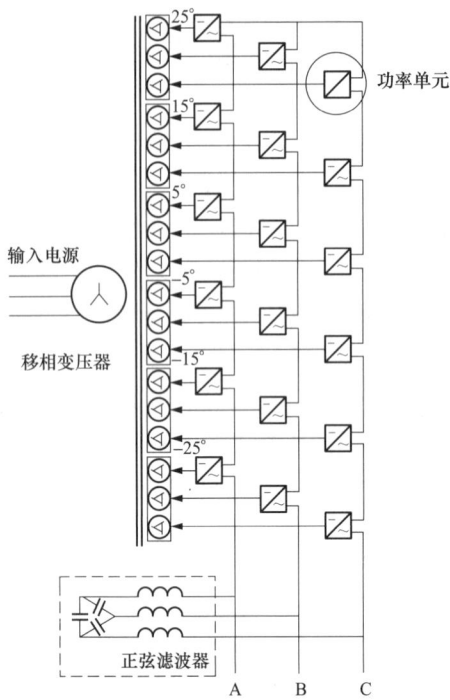

图 1-7　变压变频装置典型结构图

频率计是一种对被测信号频率进行测量的电子测量仪器，在岸电系统中用来自动检测停靠船舶用电设备的频率。其基本工作原理为：在测量周期内被测周期信号在输入电路中经过放大、整形、微分操作之后形成特定周期的窄脉冲，将脉冲送到主门的一个输入端，在闸门脉冲开启主门的期间，特定周期的窄脉冲才能通过主门，从而进入计数器进行计数；计数器的显示电路则用来显示被测信号的频率值；内部控制电路则用来完成各种测量功能之间的切换，并实现频率测量设置。

三、稳频稳压与谐波抑制补偿技术

船舶靠岸后，在港口岸电给船舶供电期间要求岸电系统提供的电源高度稳定，因此岸电装置不仅要完成频率的转换，提供稳定的频率，还要求能够提供稳定的电压。

（一）稳频稳压技术

变压变频装置是港口岸电电源系统的核心设备，它通过采用功率元件的脉宽调制（PWM）变频技术，将 50Hz 的电网电源转变为停靠船舶需要的 50Hz/60Hz 及相应电压的交流电。它的运行直接影响着岸电电源的电能质量，为此必须采用相应的稳频稳压技术，以有效提高港口岸电的输出电能质量。

目前采用的变频器的变频稳压技术主要有三种，即功率器件（IGBT）的串联二电平结构、中性点箝位三电平结构和单元串联多重化结构。

（1）IGBT 串联二电平结构。指将电网高压直接经断路器进入静止频率变换器，交流电依次经过二极管全桥整流，再通过直流平波电抗器和电容滤波，最后再经过逆变器把直流逆变成交流电输出。采用功率器件串联的二电平高压静止频率变换器的优点是结构相对比较简单，使用的功率器件数量少。但采用功率器件串联二电平时，功率器件串联均压是全控功率器件需要克服的问题，同时在采用二电平结构的开关过程中产生的电压变化率较大，较难解决系统干扰大及电磁兼容性问题。采用上述方法的输出电压谐波畸变率高，必须采用电感和电容常数较大的滤波器，增加了设备成本。

（2）中性点箝位的三电平方式。这种方式可以避免由于器件串联引起的静态和动态均压问题，同时也可以减少逆变输出的谐波以及降低电压变化率的影响。采用上述技术时电路结构简单、所需的器件数量少、所耗成本较低、体积小且可靠性高。但是在现有的高压 IGCT 及高压 IGBT 的耐压水平下，三电平结构逆变器的最高输出电压等级只能达到 4.16kV。如果输出电压需要 6kV 时，仅仅采用 12 个功率器件难以满足，必须采用功率器件串联的方式；但是采用器件的串联会破坏该结构下不存在均压问题的优点，从而导致成本增加及器件之间电压不均衡，并且会大大影响系统的稳定性。

（3）串联多重化结构。指每一相电压输出均是通过若干个低压功率单元串联在一起构成。这种多重化技术的变频器采用了功率单元串联的方式，避免了传统使用器件串联实现高压输出的方式，从而解决了整个变频器系统中器件均压问题。在这种多重化技术下，功率单元承受全部输出电流，但是每一个功率单元只需要承受较低的输出电压和功率。

在上述三种常用的稳频稳压技术中，功率器件串联多重化结构的静止频率变换器采用的是低压功率单元（IGBT），技术成熟、稳定，且成本相对较低；同时通过串联不同数量的低压功率单元，可输出不同的电压，能够满足任何场合下需求；最后在多重化结构的每一个功率单元的参数均相同，当其中的某一个功率单元出现故障时，可以采用短路该故障单元的方式使系统正常运行。这是目前港口岸电系统主流使用的稳频稳压技术，广泛应用于港口岸电的变压变频装置中。

（二）谐波抑制补偿

港口岸电电源中的变压变频装置采用的是功率元件串联多重化结构方式，来实现输出稳定的频率和幅值的输出电源。但在采用功率元件进行变压变频时，不可避免地会产生相应的谐波干扰，谐波的存在直接影响到电源的质量，进而影响设备的稳定运行和使用寿命。因此，必须采用适当的措施来抑制谐波，这是港口岸电系统中不得不解决的问题。

港口岸电电源系统通常采用多种谐波抑制技术组合，来实现谐波抑制补偿，提高岸电系统输出电压的质量。

在港口岸电的谐波抑制中，在输入侧采用低通（EMI）滤波器。低通滤波器通过串联电抗器和并联电容器实现控制和保证输入变频装置的电网电能质量，将电源功率无损耗地传输到岸电系统中，大幅降低经电源传入岸电系统中的低频谐波，同时也能有效抑制港口岸电系统产生的低频谐波进入电网，减少岸电系统对电网的谐波污染。低通滤波器的典型结构如图1-8所示。

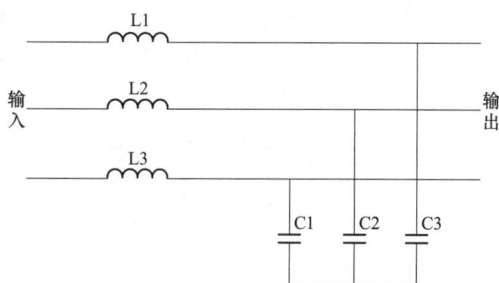

图1-8　低通滤波器典型结构示意图

低通滤波器的截止频率 f_L 可表示为：

$$f_L = \frac{1}{2\pi\sqrt{LC}} \tag{1-1}$$

式中　f_L——低通滤波器截止频率；

　　　L——低通滤波器等效电感；

　　　C——低通滤波器等效电容。

为抑制港口岸电输入侧电源中的高频谐波，通常在输入侧接入交流限流电抗器，以进一步抑制电源到变频装置及变频装置内部产生的对电源侧的高频扰动，从而改善变频器的输入电流波形。

经过变压变频装置后输出的波形接入无源的正弦滤波器，正弦滤波器可以改善变频装置输出波形，使变频器输出波形接近正弦波。

在经过无源正弦滤波后，若输出电源还是无法达到理想的效果，则需要进一步分析谐波污染的来源、负载情况、周边用电环境以及各次谐波的比例和含量，进行深入的有针对性的滤波，最终提供高质量的电源输出。

四、智能无缝切换技术

在船舶用电系统与港口岸电系统切换时，船舶用电、岸电转换关系着全船电气设备的安全。常规的变频电源虽然能够实现独立供电，但在使用常规变频电源为船舶提供供电前，必须先停止船舶主发电机组的供电，否则无法达到无缝并网与供电电源切换的要求。同时由于港口岸电采用功率元件进行变压变频，功率元件具有动态响应速度快的装置特性，按照传统控制策略，扰动发生时，频率将快速变化，很容易威胁船舶电网的频率稳定性，对船舶负荷正常工作产生严重威胁，严重时会造成断电。为此采用智能无缝切换技术，对整个港口岸电系统和船舶用电系统的可靠运行有着十分重要的意义。

智能无缝切换是岸电电源的发展趋势，使用无缝切换方式时，对设备的并网条件要求很高，不仅需要保证发电机与岸电的电压幅值和频率保持一致，还需要在并车的瞬间保证岸电电源与船舶发电机的输出电压相角同步。港口岸电并网装置作为整个岸电电源系统的一部分，应该能够监测并网装置及其并网过程中相应的状态，应具备相应的远程通信能力，能够实时读取记录并网过程、时间以及故障等信息。

港口岸电与船舶用电系统的切换实质为发电机组之间的同步并网，目前主要采用的同步并网技术有自同期并网和准同期并网两种。港口岸电与船舶用电系统的电压频率和电压幅值依照 Q/GDW 11467.1《港口岸电系统建设规范》中的要求执行，也是解决港口岸电与船舶用电实现智能无缝切换的重要前提。

对港口岸电及船舶用电系统进行建模，在并网前同期并列的电缆箱断路器两侧的电压分别如下。

船舶电力系统电压：

$$U_G = U_{Gm}\sin(\omega_G t + \varphi_G) \tag{1-2}$$

岸电侧电源系统：

$$U_S = U_{Sm}\sin(\omega_S t + \varphi_S) \tag{1-3}$$

在并网切换时，两者之间产生的电压差为：

$$U_D = U_{Sm}\sin(\omega_S t + \varphi_S) - U_{Gm}\sin(\omega_G t + \varphi_G) \tag{1-4}$$

式中　U_G——船舶系统电压；

　　　ω_G——船舶系统电压角速度；

　　　φ_G——船舶系统电压初相角；

　　　U_S——岸电系统电压；

　　　ω_S——岸电系统电压角速度；

φ_S ——岸电系统电压初相角；

U_D ——船舶和岸电并网时的电压差。

满足并网的条件是保证 U_D 为 0，即要实现船电与岸电电源准同步并网必须要满足以下 4 个条件：

(1) 船舶用电系统的相序与岸电电源的相序保持一致；

(2) 船舶用电系统的电压与岸电电源的电压幅值相等；

(3) 船舶用电系统的频率与岸电电源的频率相同；

(4) 船舶用电系统的相角与岸电电源的相角一致。

实际在并网过程中，船舶用电系统与岸电系统的相位可以保证完全一致，船舶用电系统与岸电系统之间的电压差、频率差也基本能够保持一致，但两者之间的相角差是影响并网条件的关键。

船舶用电系统与岸电系统并网切换时，必须保证两者之间的相角差应小于相应的设定值，从而保证并网切换时产生的冲击电流处于系统可以承受的范围之内，即岸电和船电的相角相等时刻就是并车合闸的时刻。

自同期并网是指在将发电机不加励磁的情况下，把待并网发电机的转速升至发电机机组的同步转速，然后把待并网发电机并入系统，随即供给励磁电流，依靠机组之间的自整步作用将待并网发电机拉入同步。自同期并网的优点是合闸迅速、操作简单，一般只需要几分钟即可以完成同步。但是采用自动同期并网的方法也有较大的危害，在合闸的瞬间待并网发电机的定子需要吸收大量的无功功率，从而使整个岸电系统在合闸时候电压大幅降低。鉴于岸电系统的频率和电压幅值必须按照规范要求执行，故不推荐采用自同期并网法。

准同期并网是指在待并网的发电机组与电网并网之前调节发电机转速，使其产生的电压频率与电网同步，并通过进一步调节船舶发电机励磁电流，使船舶发电机产生的电压与岸电系统的电压同步。在保证频率差和电压差的条件下，寻找两者零相角差时刻把发电机组并网到电网上，此并网瞬间产生的冲击电流处于可控范围内。

自动并网装置实现的是船电与岸电之间的并网，即实现船舶发电机组与岸电电源之间并网，根据自同期并网法和准同期并网法的实现方式和特点，以及岸电系统建设时的规范要求，船舶供岸电的自动并网装置应采用准同期并网法来实现能智能无缝切换。

在岸电的实际运行中，通过自动准同期装置监测岸电系统与船舶用电系统的电压差、频率差信号，并捕捉相角差为 0 的合闸时刻，在合闸时刻到来之前的合适时间发出合闸信号。如果岸电和船电的相角不同，因为在同频的条件时相角差无法消除，所以首先就需要打破两者同频，通过调整岸电系统或者船舶用电系统的频率，经过一段时间的不同频运转后，实现相角差的平衡，计算公式如下：

$$\theta = 2\pi(f_S - f_G)t - (\varphi_S - \varphi_G) \tag{1-5}$$

式中　t ——不同频的运行时间；

　　　θ ——不同频运行后的岸电和船电之间的相位差；

　　　f_S ——岸电系统调整后的频率；

f_G——船舶用电系统调整后的频率；

φ_S——岸电系统的初相角；

φ_G——船舶用电系统的初相角。

当 $\theta=0°$ 时，并网切换时的冲击电流最小为 0；当 $\theta=180°$ 时，并网切换时的冲击电流最大，此时不能进行同步并网。并网切换过程中过大的相角差可能会引起船舶发电机组发生较大幅度的摆动，严重时甚至使船舶发电机发生失步，发电机组的转子发生扭转。

为此，在港口岸电并网切换时，需要严格控制岸电与船电之间的相角差，通过准同步并网法时一般相角差要控制在 $\pm10°$ 以内，从而使船电和岸电相位同步进入并网运行。

⚓ 第三节　港口岸电系统的应用场景

一、港口岸电系统类型

港口岸电系统的类型主要取决于船舶用电类型的要求。根据全球船舶用电类型统计，用电频率主要分为 50Hz 和 60Hz 两种，电压主要包括 AC220V、380V、400V、440V、6kV、6.6kV、10kV。船舶一般分为低压用电船舶和高压用电船舶两大类，低压用电船舶是指船舶配电电压等级为 440V 及以下，而高压用电船舶则指船舶配电电压等级为 6kV 及以上。国外港口近年新建设的船舶供岸电电源大都采用了高压岸电电源，如洛杉矶港、长滩港、哥德堡港、西雅图港等。国际上船舶供岸电电源的相关标准中明确指出船舶供岸电电源的上船电压等级为 6.6kV/11kV。我国岸电系统根据输出电压分为高压岸电系统、低压大容量岸电系统、低压小容量岸电系统三种。

（一）高压岸电系统

高压岸电系统指将岸侧电压 6kV 或 10kV、频率 50Hz 的电能，经岸电设备对岸侧电能变频变压处理，转换为 6.6kV/60Hz 或 6kV/50Hz 船侧电能。由于船上用电频率及电压与岸上电源不同，因此高压岸电技术的关键是将岸电变压、变频，将岸电电源变成适合船舶使用的电源，以便船舶能直接接入使用。高压岸电电源的输出容量应满足船舶用电设备正常运行的有功功率及无功功率的要求，系统额定输出容量一般在 1000kVA 以上。采用高压供电可减少电缆的根数和直径，一般只需要 1 根电缆连接，因此船电系统在接驳时比较方便。

（二）低压大容量岸电系统

低压大容量岸电系统供电模式指港口岸基供电系统输出电压为 400V 或 450V，供靠岸船舶接电使用。低压大容量岸电电源的输出容量应满足船舶用电设备正常运行的有功功率及无功功率要求，系统额定输出容量一般在 100~1000kVA 之间。低压大容量供电可以避免船舶电源的改造，但是电缆根数较多，电缆线径大，岸电容量 500kW 就要 2 根（三芯 185mm²）电缆上船，接驳不方便。

（三）低压小容量岸电系统

低压小容量岸电系统供电模式指港口岸基供电系统输出电压为 220V 或 380V，供靠岸船舶接电使用。低压小容量岸电电源的输出容量应满足船舶用电设备正常运行的有功功率及无功功率要求，系统额定输出容量一般在 100kVA 以下，适用于内河服务区、运河渠划段及湖泊停靠船舶 1000t 级及以下的船舶。

二、岸电系统的基本结构

船舶岸电系统一般有三个关键部分，即岸电供电系统、岸船接口装置、船舶受电系统。其中岸电供电系统主要包括静止式船舶岸电电源设备及其附带的进出线开关设备。它将高压变电所与码头上的岸电箱连接起来，实现变压、变频并完成与船舶受电系统在带电情况下的快速切换。岸船接口装置大部分情况下包含插座箱体、电缆收放机构、插头接口等。它实现岸电箱与船上受电系统的连接，要求电缆连接设备能够实现快速连接，并且在闲置时也要便于存放。船舶受电系统主要包括船上变压器、岸电进线屏、同步屏、配套主配电屏等，是在船舶固有配电系统基础上建设起来的。

（一）高压岸电系统的基本结构

高压岸电系统包括隔离变压器、变频装置、岸电接电箱及其他辅助设备。典型结构如图 1-9 所示。

高压岸电系统满足如下功能要求：

（1）具备恒压和恒频输出能力。

（2）采用船岸不断电转换方式时，高压岸电电源应具备发电机运行特性，具备电压频率下垂控制、电子惯性设定等功能。

（3）配置隔离变压器，实现船、岸配电系统的电气隔离。

（4）船岸电源同步由船侧装置实现。

（二）低压大容量岸电系统的基本结构

低压大容量岸电系统一般由变频装置、隔离变压器、岸电接电箱、电缆管理系统等部分构成。其电源典型结构由供电容量和服务船舶数量决定，有以下三种典型结构：

1. 低压大容量电源典型结构一

低压大容量电源服务单艘大容量船舶时，变频装置直接接入港口 6kV 或 10kV 高压交流电网，经过变频装置将高压转换为 440V/60Hz 或 400V/50Hz 电源，为船舶提供接岸电服务。低压大容量电源典型结构一如图 1-10 所示。

2. 低压大容量电源典型结构二

低压大容量电源服务单艘小容量船舶时，变频装置直接接入 400V 低压交流电网，经过变频后为船舶提供接岸电服务。低压大容量电源典型结构二如图 1-11 所示。

3. 低压大容量电源典型结构三

低压大容量岸电电源服务于多艘小型船舶时，可根据同时服务船舶的数量调整接电

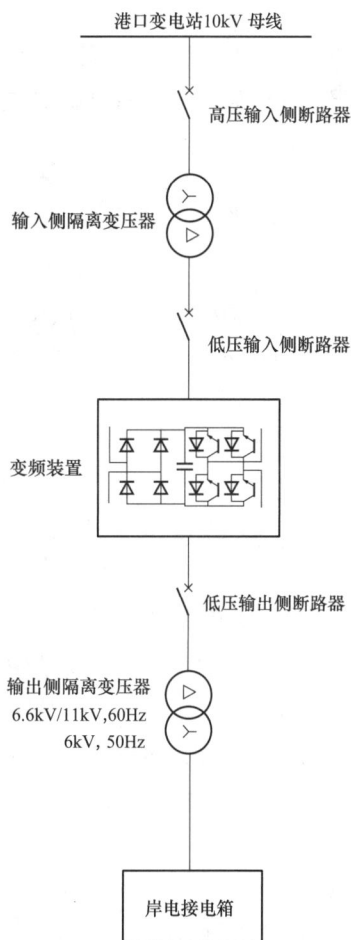

图 1-9 高压岸电系统结构示意图

13

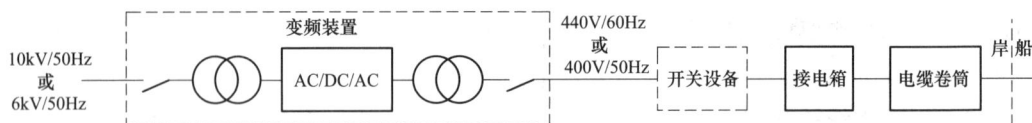

图 1-10　低压大容量电源典型结构一示意图

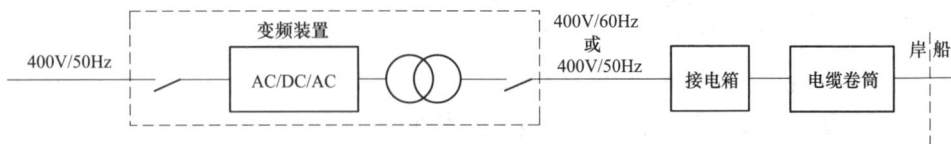

图 1-11　低压大容量电源典型结构二示意图

箱的数量，变压器宜采用固态开关投切分接头实现有载调压，电缆卷筒可根据实际情况选配。低压大容量电源典型结构三如图 1-12 所示。

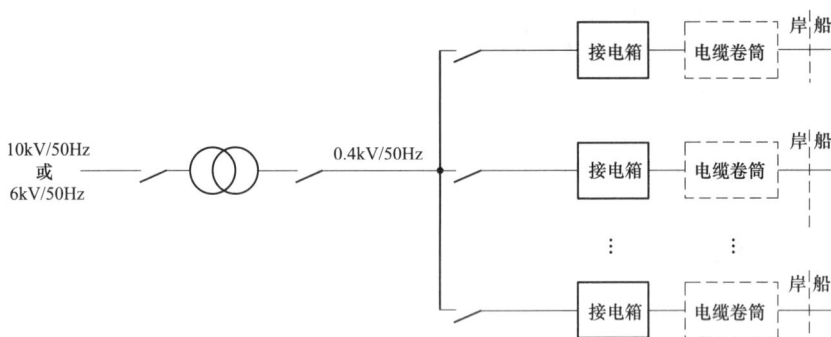

图 1-12　低压大容量电源典型结构三示意图

（三）低压小容量岸电系统的基本结构

低压小容量岸电系统主要由变压器、开关柜、电缆及附件、岸电桩组成。岸电桩分为 220V 单相桩和 380V 三相桩，并且每个岸电桩有 2 个接口，可满足 2 艘船舶同时供电。电气模块和计量模块安装在岸电桩体内部，岸电桩壳体包括外壳和人机交互界面。电气模块应包括电气开关、供电接口、安全防护装置等。低压小容量岸电系统结构如图 1-13 所示。

三、岸电系统分布形式

在实际的船舶供岸电电源系统中，其岸上供电系统的变频设备、变压设备的组合配置方式是有所不同的。下面介绍三种典型的配置方式。

（一）分布式配置方式

在这种方式中，主变电站只有一个变压设备，每个码头上均设置一个分变电站，分变电站中有变压设备和变频设备。电网电源先经过主变电站，主变电站一般把电能变换

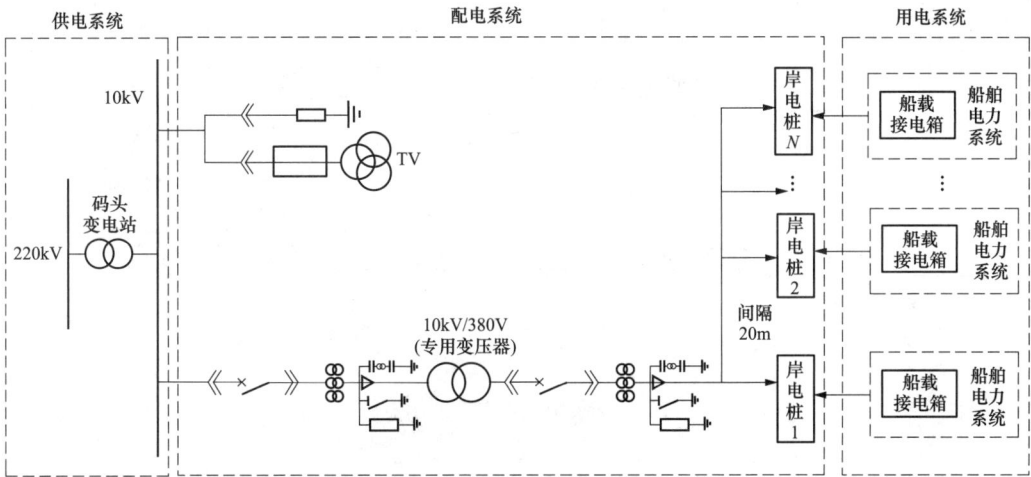

图 1-13　低压小容量岸电系统结构示意图

为 34.5kV 或者其他高压等级的电压，通过电缆传输到各个码头；码头上的分变电站根据停靠船舶的需要提供 50Hz/60Hz 的电源，并把电压降至船舶所需电压等级。这种分布式岸电电源的好处是有非常高的容错能力，任何一个码头分变电站出现问题均不会影响其他码头岸电电源的正常使用。其缺点是占用了码头较大的空间，每一个码头分变电站都有 2 个变压设备和一套变频设备，在空间不足的码头难以采用，且此种方式的成本相对较高。分布式配置方式如图 1-14 所示。

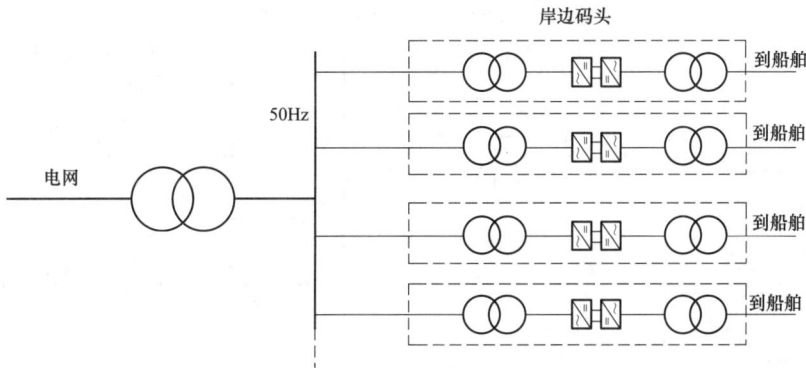

图 1-14　分布式配置方式示意图

（二）集中式配置方式

在这种方式中，只有主变电站拥有变频设备，码头的分变电站只安装变压装置。电网电源通过主变电站后能够提供 50Hz 和 60Hz 的电源，每个码头根据停靠船舶的需要选择相应频率的电力。这种方式把频率的变换集中在主变电站，相对于分布式，容错能力较差，一旦主变电站的变频设备出现问题，整个岸电电源均受到影响。但是这种方式对码头的空间需求较低，同时大大减少了对变频设备的需求，其成本更加低廉。集中式

15

配置方式如图 1-15 所示。

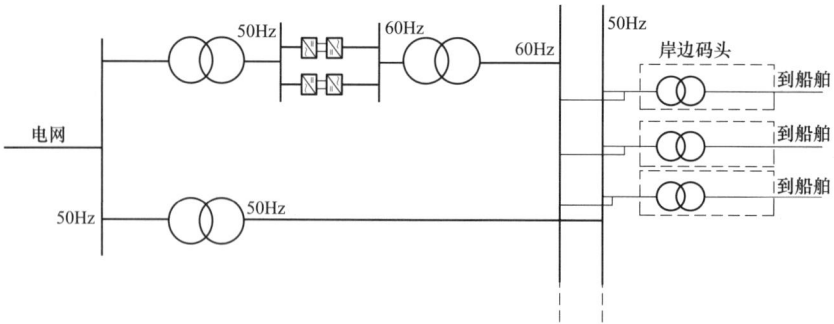

图 1-15　集中式配置方式示意图

（三）直流传输方式

在直流传输方式中，变频设备被分成两个部分：①主变电站首先把电网电压降低，并经过整流设备把电力变换为直流，通过电缆传输到码头边；②码头边的变电站安装的逆变器把直流电力逆变为交流电，再通过一个变压器把电压变换为船舶所需的电压等级。每个码头均需安装一个变压器和逆变器，且在主变电站和码头变电站之间的电力是通过直流传输，对码头的空间要求也比较高，但相对于第一种方式需求要小，且传输中的电能损耗更低。这种方式对设备的要求很高，现有的技术条件下难以实现。直流传输方式如图 1-16 所示。

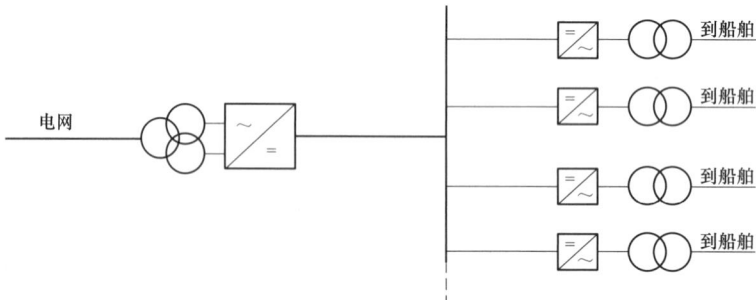

图 1-16　直流传输方式示意图

港口岸电系统容量 1000kVA 及以上，宜采用高压岸电系统；港口岸电系统容量 100～1000kVA，宜采用低压大容量岸电系统；港口岸电系统容量 100kVA 以下，应采用低压小容量岸电系统；对于综合性码头的具体需求，宜考虑高压岸电和低压岸电结合的方式。

四、岸电系统典型应用场景

中国港口主要分为三类：①沿海大型港口，主要停靠大型远洋船舶，例如 1×10^4 标箱以上的集装箱船舶；②沿海及沿江中型码头，主要停靠国际和国内的支线船舶，如中型集装箱船（5000～8000TEU）、散货船；③内河、湖泊及服务区，主要停靠内河的运输船舶，主要为小型的散货船舶。不同类型的港口，适用的港口岸电系统是不同的。各类港口类型适用的岸电系统类型见表 1-1。

表 1-1 各类港口类型适用的岸电系统类型

港口类型	岸电系统类型
沿海、沿江大中型港口码头	高压岸电系统
沿海、沿江中小型港口码头	高压岸电系统、低压大容量岸电系统
内河、湖泊小型码头及服务区	低压小容量岸电系统

（一）高压岸电系统典型应用场景

以深圳盐田国际集装箱码头为例，其是世界最大、最先进的集装箱码头之一，是全球超大型集装箱船的首选港，在区域经济和全球外贸运输网络中发挥着举足轻重的作用。该码头建有移动式岸电装置 2 套，可为靠港船舶提供 6.6kV/60Hz 接电服务。

（二）低压大容量岸电典型应用场景

以深圳妈湾电力有限公司散货码头为例，该码头是深圳西部妈湾港区的重要组成部分，常年靠泊 70 000t 级运煤船，船舶为集团下属企业自有船舶，船舶使用电制为 440V/60Hz。码头共有两个泊位，现均可靠泊 70 000t 级散货卸煤船，码头每个泊位建成一套固定式容量为 800kVA 的变频岸电设施，岸电供电采用底压上船方案，每套岸电设施可输出 450V/60Hz 和 400V/50Hz 两路电源，供不同电制的船舶使用，岸船电源切换采用断电切换。

（三）低压小容量岸电典型应用场景

浙江省湖州市城东水上服务区位于长湖申线航道上，占地面积 2.8 万 m²。码头岸线长 310m，泊位按照 1000t 级设计。该服务区已经投运 14 个低压岸电装置，可为船舶提供 220V/380V/50Hz 供电，能满足各类船舶停泊期间的生活用电和蓄能需求。

本书将重点介绍适用于内河港口船舶用电需求的低压岸电系统的建设与运营管理。

第二章　内河港口岸电系统建设规范

✿ 第一节　设计原则与要求

一、设计原则

港口岸电系统建设中电力系统部分、岸电设备部分、运营监控部分等技术的设计原则如下：

（1）应遵循"安全可靠、技术先进、经济合理、维护方便、适度超前"的原则。

（2）应与港口发展规划相适应，综合考虑港口停靠船舶舶位数量和供电容量。

二、设计要求

（一）设计对象

港口岸电系统的设计对象为向靠港船舶提供电能的岸侧电力系统，包括沿江、沿内河等不同港口岸电系统的建设，适用于公务码头、集装箱码头、干散货码头、邮轮码头以及滚装船码头岸电设施的设计。

（二）设计内容

设计内容包括岸电系统、岸电设备、监控系统与营运服务平台、电能计量及保护等部分。

1. 岸电系统

（1）用电负荷。应符合如下规定：

1）港口岸电系统用电负荷应根据船舶类型、船舶吨位、船舶用电设备特性及供电距离等因素确定。

2）港口岸电系统用电负荷宜按二级负荷的要求提供电源，保证在中断供电的情况下重要用电负荷的正常工作。

3）港口岸电系统用电负荷可按下列公式计算：

$$P = K_{\sum p} \sum P_{ex} \tag{2-1}$$

$$Q = K_{\sum p} \sum (P_{ex} \tan\varphi) \tag{2-2}$$

$$S = \sqrt{P^2 + Q^2} \tag{2-3}$$

$$I = \frac{S}{U\sqrt{3}} \tag{2-4}$$

式中　P——有功功率，kW；

$K_{\sum p}$——同时系数，取 0.45～1.0；

P_{ex}——单泊位船舶岸电的用电负荷，kW；

Q——无功功率，kvar；

φ——功率因数角；

S——视在功率，kVA；

I——计算电流，A；

U——额定电压，kV。

4）单泊位港口岸电系统用电负荷宜根据泊位最大允许靠泊船舶的类型、吨级、单台辅机发电机最大容量确定。常用船舶辅机发电机功率和电压见表2-1和表2-2。

表 2-1　　　　　　　　　　　集装箱船舶辅机功率和电压

船舶吨级 DWT（t）	载箱量（TEU）	辅机功率（kW）	辅机发电电压（V）
1000（1000～2500）	≤200	90×3	400
3000（2501～4500）	201～350	120×3	400
5000（4501～7500）	351～700	320×3	450
10 000（7501～12 500）	701～1050	430×3	450
20 000（12 501～27 500）	1051～1900	700×3	450
30 000（27 501～45 000）	1901～3500	1260×3	450
50 000（45 001～65 000）	3501～5650	1960×3	450
70 000（65 001～85 000）	5651～6630	2320×3	450
100 000（85 001～115 000）	6631～9500	2760×3	6600
120 000（115 001～135 000）	9501～11 000	3320×3	6600
150 000	11 001～12 500	3850×3	6600

注　150000t集装箱船的载重吨为157 515t的实船资料，仅供参考。

表 2-2　　　　　　　　　　　干散货船船舶辅机功率和电压

船舶吨级 DWT（t）	辅机功率（kW）	辅机发电电压（V）
2000（1501～2500）	90×3	400
3000（2501～4500）	90×3	400
5000（4501～7500）	200×3	400
10 000（7501～12 500）	300×3	400
15 000（12 501～17 500）	400×3	400
20 000（17 501～22 500）	600×3	450
35 000（22 501～45 000）	600×3	450
50 000（45 001～65 000）	800×3	450
70 000（65 001～85 000）	800×3	450
100 000（85 001～105 000）	900×3	450
120 000（105 001～135 000）	900×3	450
150 000（135 001～175 000）	900×3	450
200 000（175 001～225 000）	900×3	450

（2）港口岸电系统供电电压和供电频率。应符合表2-3的规定。

表2-3　　　　　　　　　　　港口岸电系统的供电电压和频率

供电方式	输入侧		输出侧	
	电压（V）	频率（Hz）	电压（V）	频率（Hz）
高压岸电	6000 或 10 000	50	6600	60
			6300	50
			11 000	60
低压岸电	400、6000 或 10 000	50	450	60
			400	50
			220	50

（3）供电质量。港口岸电系统的供电质量符合如下规定：

1）系统中的电压畸变和注入港区供电系统的谐波电压限值应满足表2-4要求。

表2-4　　　　　　　电压畸变和注入港区供电系统的谐波电压限值

电网标称电压（kV）	电压总谐波畸变率（％）	各次谐波电压含有率（％）	
		奇　次	偶　次
0.38	5.0	4.0	2.0
6	4.0	3.2	1.6
10			
35	3.0	2.4	1.2
66			
110	2.0	1.6	0.8

2）系统在稳态运行时的输出电压允许偏差为±5％，频率波动允许偏差为±0.5％。

3）系统输出电压波动恢复时间不应大于1.5s，输出频率波动恢复时间不应大于1.5s。

4）系统中的电压畸变和注入港区供电系统的谐波电流允许限值应符合表2-5的规定。

表2-5　　　　　　电压畸变和注入港区供电系统的谐波电流允许限值

标准电压（kV）	基准短路容量（MVA）	谐波次数及谐波电流允许值（A）																		
		2	3	4	5	6	7	8	9	10	11	12	13	14	15	16	17	18	19	20
0.38	10	78	62	39	62	26	44	19	21	16	28	13	24	11	12	9.7	18	8.6	16	7.8
6	100	43	34	21	34	14	24	11	11	8.5	16	7.1	13	6.1	6.8	5.3	10	4.7	9	4.3
10	100	26	20	13	20	8.5	15	6.4	6.8	5.1	9.3	4.3	7.9	3.7	4.1	3.2	6	2.8	5.4	2.6
35	250	15	12	7.7	12	5.1	8.8	3.8	4.1	3.1	5.6	2.6	4.7	2.2	2.5	1.9	3.6	1.7	3.2	1.5
66	500	16	13	8.1	13	5.4	9.3	4.1	4.3	3.3	5.9	2.7	5	2.3	2.6	2	3.8	1.8	3.4	1.6
110	750	12	9.6	6	9.6	4	7	3	3.2	2.4	4.3	2	3.7	1.7	1.9	1.5	2.8	1.3	2.5	1.2

（4）港口岸电系统典型容量。港口岸电系统容量根据船舶靠泊期间用电负荷进行设计，容量全系列宜为：20、40、80、100、200、400、500、630、800、1000、1250、1600、2000、3000、5000、8000、12 000、16 000、18 000kVA。各地应在此基础上对变压器容量进行系列简化，以满足设备标准化和方便运行维护的需要。

（5）配电方式。港口岸电系统的配电方式符合如下规定：

1）港口岸电系统典型配电方式可采用放射式、树干式或组合方式。

2）港口岸电系统一对一供电时，宜采用电隔离装置；一对多供电时，应采用电隔离装置。

3）低压小容量岸电系统宜采用低压隔离变压器作为电隔离装置。

4）变频岸电系统可采用带电方式向船舶供电；非变频岸电系统宜采用不带电连接方式向船舶供电。

（6）系统保护、远动和通信。系统保护、远动应符合 IEC/ISO/IEEE 80005-1《港口内公用工程接头　第 1 部分：高压岸电连接系统　通用要求》中关于系统保护和远动的规定，包括对港口岸电系统的信息处理、人机界面、安全操作、统计分析、电量计费、接口服务、时钟同步、自诊断自恢复等功能。

（7）船岸连接方式。港口岸电系统与船舶的连接方式符合如下规定：

1）高压上船方式时，船岸连接装置的配置应符合 IEC/ISO/IEEE 80005-1 的规定。

2）低压上船方式时，船岸连接装置的配置应符合 IEC/ISO/IEEE 80005-3《港口内公用工程接头　第 3 部分：低压岸电连接系统通用要求》的规定。

2. 岸电设备

（1）岸电电源。港口岸电系统中岸电电源符合如下规定：

1）高压岸电电源应具有 50Hz 和 60Hz 供电的能力。其系统额定输出容量等级宜采用：1000～18 000kVA 系列；其输出电压为额定值。空载条件下，高压岸电电源供电连接点处输出电压不应超过标称电压的 106%；额定负载条件下，高压岸电电源供电连接点处输出电压应在标称电压的 97%～105%范围内。

2）低压大容量电源应具有 50Hz 和 60Hz 供电的能力。其系统额定输出容量等级宜采用：100～1000kVA 系列；输出电压为额定值，其允许偏差不应超过额定输出电压的 ±5%。

3）低压小容量电源应具有供电、保护、通信及计量的能力。其系统额定输出频率为 50Hz；额定输出容量等级宜采用：20、40、80kVA 系列；输出电压为交流单相或交流三相，额定电压单相为 220V、三相为 380V，其允许偏差不应超过额定输出电压的 ±15%。

（2）船岸连接和接口设备。高压岸电接电箱应符合 IEC/ISO/IEEE 80005-1 的规定及以下要求：

1）宜安装在码头前沿，并应设置安全护栏或格栅。

2）岸电接电箱内宜预留光纤接口。

3）宜采用快速接插式插座，防护等级不应低于 IP56。

4）爬电距离采用 IEC 60815 给出的一般规则选择绝缘子，其在污秽条件下应当具有良好的性能。

高压岸电接电箱安全功能应满足以下要求：

1）设置安全警示装置，具有明显的带电指示标志。

2）岸电接电箱与高压变频电源装置之间设置安全联锁装置。

3）岸电接电箱箱体应设置防触电设施，并应可靠接地。

4）船舶岸电接电坑应设置排水措施。

5）具备接地保护和防雷措施。

（3）高压岸电接插件。高压岸电接插件的标准额定值分为两个等级，具体参数值见表 2-6。

表 2-6　　　　　　高压岸电接插件的标准额定值中的最大电压和电流值

高压岸电接插件等级	最大电压值（V）	最大电流值（A）
等级一	7200	350
等级二	12 000	500

（4）低压岸电接电箱。应满足以下要求：

1）低压岸电接电箱可采用码头前沿固定安装的方式，可采用与低压变压变频电源装置组合安装的方式。

2）低压岸电接电箱在码头前沿固定安装时，防护等级不应低于 IP56，且接电箱周围宜预留不小于 10m 的安全距离。

3）低压岸电接插件额定值分为两个等级，具体参数值见表 2-7。

表 2-7　　　　　　高压岸电接插件的标准额定值中的最大电压和电流值

低压岸电接插件等级	最大电压值（V）	最大电流值（A）
等级一	500	250
等级二	1100	420

（5）高压电缆管理系统应符合 IEC/ISO/IEEE 80005-1 的规定。

（6）低压电缆管理系统应符合 IEC/ISO/IEEE 80005-1 的规定。

3. 监控系统与运营服务平台

（1）监控系统。港口岸电系统中的监控系统应符合如下规定：

1）应具有对港口岸电主要设备进行安全监视和运行控制的功能，详见表 2-8。

2）应具有港口岸电设备防误操作的功能。

3）应具有对事故和异常情况的处理功能。

港口岸电系统监控系统功能要求应满足表 2-8 的要求。

表 2-8 港口岸电系统监控系统功能

设备名称	电压等级	控制	采集测量	监测报警
高压柜	10kV 或 6kV	分/合闸	开关状态、电流、电压、功率因数、有功功率、无功功率、无功电度	过电流、欠电压、过电压、速断、零序过电流、零序过电压
变频装置	输入侧：1kV 或 6kV 输出侧：6.6kV/11kV	启动/停止	开关状态、电流、电压、功率因数、频率、有功功率、无功功率	过电流、欠电压、过电压、过频率、欠频率、缺相、反相、三相不平衡、输出逆功、功率单元温度、柜门打开
变频装置	输入侧：400V 或 6kV 输出侧：400V 或 450V	启动/停止	开关状态、电流、电压、功率因数、频率、有功功率、无功功率	过电流、欠电压、过电压、过频率、欠频率、缺相、反相、三相不平衡、输出逆功、功率单元温度、柜门打开
变压器	输入侧：10kV 或 6kV 输出侧：400V 或 450V	—	温度	高温报警、超温跳闸、风机状态、故障、柜门打开
低压断路器	400V	分/合闸	开关状态	过电流、过电压、接地、速断
高压接电箱	6.6kV/11kV	—	电缆连接就绪、紧急断开、接地、等电位检测	带电显示、故障、箱门打开
低压接电箱	400V	—	电缆连接就绪、紧急断开、接地、等电位检测	带电显示、故障、箱门打开
电缆卷筒	—	—	收、放电缆信号、等电位检测	故障、过载、力矩过大

（2）运营服务平台。港口岸电运营服务平台应符合如下规定：

1）可采用分级部署方式，满足省、市/县、港口级三级部署应用的要求。

2）应具备与港口岸电监控系统通信，获取设备信息及运行信息数据的能力。

3）应具备与第三方系统或设备通信的软、硬件接口。

4）应提供海量存储服务，信息保存时间不低于 5 年。

5）可对所辖区域港口岸电设备信息及运维信息进行分析，形成全局性业务决策。

4. 电能计量

港口岸电系统的电能计量应符合如下规定：

（1）计量装置应设置在系统输出侧；采用组合方式时，输出侧计量应分船设置。

（2）电能表应能计量有功总电能和各费率有功电能。

（3）接入中性点绝缘系统的岸电计量装置，可采用三相三线制电量采集装置；接入非中性点绝缘系统的岸电计量装置，可采用三相四线制电量采集装置或 3 只感应式无止逆单相电能表。

（4）接入中性点绝缘系统的 3 台电量采集装置，宜采用 V/v 方式接线；接入非中性点绝缘系统的 3 台电量采集装置，宜采用 Y_N/y_N 方式接线。其一次侧接地方式和系统接地方式相一致。

（5）对于一次侧采用互感器的三相三线制岸电计量装置，其 2 台电流互感器二次绕组与电能表之间宜采用四线连接；对于一次侧电量采集采用互感器的三相四线制岸电计量装置，其 3 台电流互感器二次绕组与电能表之间宜采用六线连接。

（6）低压大容量岸电电源宜采用经电流互感器接入式的接线方式；低压小容量岸电电源宜采用直接接入式电能表。

5. 保护

（1）元件保护及自动化装置。应符合如下规定：

1）高压开关柜宜采用测控保护一体化装置。

2）继电保护应依据运行方式和故障类型进行设计，并应满足可靠性、选择性、灵敏性和速动性的要求。

3）高压进线柜应具备电流速断、过电流和低电压保护等功能。

4）变压器保护应具备电流速断、过电流、过负荷、接地和温度保护等功能。

5）岸电变频电源应具备电流速断、过电流、低电压、过负荷和逆功率保护等功能。

6）保护装置用电流互感器的二次回路应只有一个接地点，宜就近接地，二次回路电流测量误差不应大于 10%。

7）应急切断信号应采用硬连接方式。

8）港口岸电系统设计应考虑靠泊船舶电气元件所能承受的短路容量。

9）港口岸电系统岸侧和船侧保护应设置配合和联动机制。

（2）防雷接地和安全防护。应符合如下规定：

1）配电装置对侵入雷电波应采取过电压保护措施。

2）避雷装置和引下线应可靠连接，并进行防腐蚀处理。

3）电气设备金属部分应可靠接地。

4）高压岸电系统的接地和安全防护应符合 IEC/ISO/IEEE 80005-1 的规定。

5）低压岸电系统的接地和安全防护应符合 IEC/ISO/IEEE 80005-3 的规定。

6）码头前沿岸电接电箱应可靠接地，并做好接地标识。

7）港口岸电系统应具备接地故障指示、报警和保护等安全功能。

（三）使用条件

1. 高压岸电电源的使用条件及应对措施

（1）高压岸电电源的运行环境条件如下：

1）室内使用时，工作环境温度为 −5～+40℃，室外使用时，工作环境温度为 −20～+45℃。

2）海拔不应超过 1000m；当海拔大于 1000m 时，应按 IEC/TR 60146-1-2 的规定使用。

3）室内使用时空气相对湿度不超过 95％。

4）应采取防潮、防霉菌和防盐雾措施。

（2）防潮措施：

1）浸渍。

方法：将被处理的元件或材料浸入不吸湿的绝缘液中，经过一段时间，使绝缘液进入材料的小孔、毛细管、缝隙和结构间的空隙，从而提高元件材料的防潮湿性能以及其他性能。

适用条件：绕线产品，如变压器绕组、电感线圈等。

优点：提高了绝缘强度和机械强度，改善绕组部件的导热性。

2）灌封。

方法：用热熔状态的树脂、橡胶等将电器元件浇注封闭，形成一个与外界完全隔离的独立的整体。

适用条件：小型的单元、部件及元器件，如小型变压器、密封插头、固体电路，微膜组件及集成电路等。

优点：保护电子元件避免潮湿、腐蚀，还能避免强烈振动、冲击及剧烈温度变化等对电子元件的不良影响。

3）其他防潮湿手段。

a）密封：将零件、元器件、部件或一些复杂的装置，甚至整机安装在不透气的密封盒内。密封式防潮湿是最有效的方法。

b）通电加热：电器要经常使用以免受潮，用电吹风吹来驱除潮气。

c）放干燥剂吸掉潮气，用于无导电或可致爆炸的尘埃，无腐蚀金属或破坏绝缘的气体或蒸汽。

4）防霉菌措施：控制环境条件、密封防腐、使用防霉材料、使用防腐剂。

5）防盐雾措施：

a）电镀：利用电解原理在某些金属表面上镀上一薄层其他金属或合金的过程，是利用电解作用使金属或其他材料制件的表面附着一层金属膜的工艺，从而起到防止腐蚀，提高耐磨性、导电性、反光性及增进美观等作用。

b）采用密封机壳或机罩。

c）对关键元件进行灌封或其他密封措施。

（2）高压岸电电源运行的电气条件如下：

1）宜采用独立进线供电。

2）公用电网谐波电压应符合表 2-4 的规定。

3）三相电压不平衡度应符合电力系统公共连接点电压不平衡度限值规定：电网正常运行时，负序电压不平衡度不超过 2％，短时不得超过 4％。

注：不平衡度为在电力系统正常运行的最小方式（或较小方式）下、最大的生产

（运行）周期中负荷所引起的电压不平衡度的实测值。

4）频率偏差：电力系统正常运行条件下频率偏差限值为±0.2Hz；当系统容量较小时，偏差限值可以放宽到0.5Hz。

5）输入电压偏差：35kV及以上供电电压正、负偏差绝对值之和不超过标称电压的10%（如供电电压上下偏差同号（均为正或负）时，按较大的偏差绝对值作为衡量依据）；20kV及以下三相供电电压偏差为标称电压的±7%；220V单相供电电压偏差为标称电压的+7%，-10%。

2. 低压大容量岸电电源的使用条件

（1）低压大容量岸电电源运行的环境条件如下：

1）室内使用时，工作环境温度为-5～+40℃；室外使用时，工作环境温度为-20～+45℃。

2）室内使用时，空气相对湿度不应超过95%。

3）海拔不应高于1000m；当海拔高于1000m时，应按EC/TR 60146-1-2的规定使用。

4）室外使用时，沿海港口船舶岸电应采取防潮湿、防霉菌、防盐雾的措施；内河码头船舶岸电应采取防潮湿、防霉菌的措施，见高压岸电电源的使用条件及应对措施。

5）无导电或可致爆炸的尘埃，无腐蚀金属或破坏绝缘的气体或蒸汽。

（2）低压大容量岸电电源运行的电气条件如下：

1）公用电网谐波电压的规定同表2-3～表2-5要求。

2）三相电压不平衡度的规定同表2-3～表2-5要求。

3）频率偏差的规定同表2-3～表2-5要求。

4）输入电压波动的规定同表2-3～表2-5要求。

3. 低压小容量岸电电源的使用条件和电气条件

（1）低压小容量岸电电源的使用条件如下：

1）室外使用时，工作环境温度为-25～+50℃。

2）空气相对湿度不应超过95%。

3）海拔不超过1000m。

4）无剧烈振动冲击，应能承受规定的运输颠簸试验。试验后，其外观、结构不应有损伤，且能正常工作。

5）无导电或可致爆炸的尘埃，无腐蚀金属或破坏绝缘的气体或蒸汽。

（2）低压小容量岸电电源运行的电气条件如下：

1）公用电网谐波电压的规定同表2-3～表2-5要求。

2）三相电压不平衡度的规定同表2-3～表2-5要求。

3）频率偏差的规定同表2-3～表2-5要求。

4）输入电压波动的规定同表2-3～表2-5要求。

三、典型技术方案

港口岸电系统典型技术方案按系统容量需求、应用港口类型等可分为高压岸电系统、低压大容量岸电系统、低压小容量岸电系统 3 类共 5 个方案。港口岸电系统典型技术方案详见表 2-9。

表 2-9　　　　　　　　　　　港口岸电系统典型技术方案

类型	编号	单位泊位容量（kVA）	建议配备装置
高压岸电系统	1	1000 以上	变压器、变频装置、隔离变压器、开关柜、岸电接口装置、电缆管理系统
	2		变压器、岸电接口装置、开关柜、电缆管理系统
低压大容量岸电系统	1	100～1000	变压器、变频装置、隔离变压器、开关柜、岸电接口装置、电缆卷筒
	2		变压器、开关柜、岸电接口装置、电缆卷筒
低压小容量岸电系统	1	20～100	变压器、低压配电柜、低压小容量电源

⚓ 第二节　系统技术规范

一、港口岸电电源

（一）高压岸电电源

（1）高压岸电电源的运行环境需符合以下条件：①海拔不应超过 1000m；②室内使用时工作环境温度为 −5～+40℃，空气相对湿度不超过 95%，室外使用时工作环境温度为 −20～+45℃；③岸电电源应采取防潮、防霉菌和防盐雾措施，周围应无导电或可致爆炸的尘埃，无腐蚀金属或破坏绝缘的气体或蒸汽；④应考虑可能影响，如船舶干舷、潮汐水位情况和上船电缆的位置，以确定高压岸电电源供电连接点。

（2）高压岸电电源运行需符合以下电气条件：①宜采用独立进线供电；②岸电系统中的电压畸变和注入港区供电系统的谐波电流允许限值应符合现行国家标准的有关规定；③岸电装置处于稳态运行状态，输出电压在规定的范围内，允许三相输出电流不平衡限值为 15%；④岸电系统的三相输入电压允许偏差应为 ±7%，频率波动允许偏差应为 ±2%，三相输出电压允许偏差应为 ±5%，频率波动允许偏差应为 ±5%。

（3）高压岸电电源需具备以下功能要求：①应具备恒压和恒频输出能力；②采用船岸不断电转换方式时，高压岸电电源应具备发电机运行特性，具备电压频率下垂控制、电子惯性设定等功能；③高压岸电电源宜配置隔离变压器，实现船、岸配电系统的电气隔离；④船岸电源同步由船侧装置实现。

（4）高压岸电电源主要性能指标需符合以下要求：

1）输出容量：高压岸电电源的输出容量应满足船舶用电设备正常运行的有功功率及无功功率的要求，系统额定输出容量等级宜采用系列化。

2）输出电压：空载条件下，高压岸电电源供电连接点处输出电压不应超过标称电压的 106%；额定负载条件下，高压岸电电源供电连接点处输出电压应在标称电压的 97%～105% 范围内。

3）输出频率：高压岸电电源处于稳态运行时，额定输出频率为 50Hz 或 60Hz，其允许偏差不应超过额定输出频率的±0.5％。

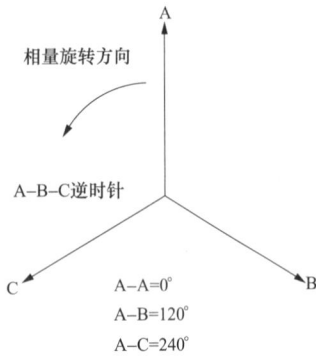

图 2-1　正序相序示意图

4）电压相序：在高压岸电电源向船舶送电之前，电源连接点（岸电插座岸电箱接口处）电压相序应为 L1-L2-L3 或 A-B-C 或 U-V-W。相序应按正序方向，如图 2-1 所示。

5）输出电压波形失真度：高压岸电电源空载时，单次谐波电压波形失真度不应超过 3％，总谐波失真度不应超过 5％。

6）瞬态电压变化范围：高压岸电电源处于稳态运行时，输出端功率因数为 0.8（滞后）的额定负载突加或突减，其瞬态电压变化范围不应超过额定输出电压的±15％。

7）瞬态频率变化范围：高压岸电电源处于稳态运行时，输出端功率因数为 0.8（滞后）的额定负载突加或突减，其瞬态频率偏差不应超过±0.5Hz。

8）电压波动恢复时间：高压岸电电源在规定的输入条件下，负载（功率因数＝0.8 滞后）电流在允许范围（0％～100％额定电流）内突加或突减引起输出电压波动，恢复时间不应大于 1.5s。

9）频率波动恢复时间：高压岸电电源在规定的输入条件下，负载（功率因数＝0.8 滞后）电流在允许范围（0％～100％额定电流）内突加或突减引起输出频率发生变化，恢复时间不应大于 1.5s。

10）三相电压不平衡度：高压岸电电源处于稳态运行时，其输出电压三相不平衡度不应超过 3％。

11）功率因数：高压岸电电源输出侧功率因数不应小于 0.95。

12）效率：高压岸电电源的效率不应低于 95％（不包含变压器）。

13）过载能力：高压岸电电源输出电流等于额定输出电流的 110％时，持续运行时间不应少于 10min。

14）高压岸电电源短路电流满足如下要求：①最大预期短路电流有效值应由岸侧系统限制在 16kA 以内；②短路电流耐受有效值不应小于 16kA，耐受时间不应少于 1s；③峰值短路电流耐受为 40kA。或者按照具体船型的要求确定。

（5）高压岸电电源保护功能需满足如下要求：

1）输出过载保护：高压岸电电源输出电流达到额定值的 105％时，应发出报警信号，并保持故障显示；输出电流超过额定值的 110％，且持续时间大于 600s 时，应切断输出。

2）输出短路保护：输出负载短路时，高压岸电电源应立即自动关闭输出，同时发出报警信号。

3）输出缺相保护：高压岸电电源输出缺相时，应发出告警信号、切断输出，并保持故障显示。

4）输出电压过、欠电压保护：高压岸电电源输出电压超出规定的电压范围时，应在规定的时间内发出告警信号，切断输出，停止向负荷供电，并保持故障显示。此要求适用于多相系统中的任何一相。过、欠电压保护动作及时间要求见表 2-10。

表 2-10 　　　　　　　　　　　　输出电压过、欠电压保护动作要求

输出电压	保护动作及时间要求
$50\%U < U_N$	0.2s 内切断输出
$50\%U_N < U \leqslant 85\%U_N$	2s 内切断输出
$85\%U_N \leqslant U < 110\%U_N$	连续运行
$110\%U_N \leqslant U < 135\%U_N$	2s 内切断输出
$U \geqslant 135\%U_N$	0.2s 内切断输出

注 U 为高压岸电电源输出电压；U_N 为高压岸电电源输出额定电压。

5）输出电压频率保护：高压岸电电源输出电压频率超出允许偏差范围，且持续时间大于 1.5s 时，应发出告警信号、切断输出，并保持故障显示。

6）逆功率保护：当船舶侧向高压岸电电源输出侧逆送功率时，应发出告警信号、切断输出（保护定值应依据设备特性确定），并保持故障显示。

（6）高压岸电电源接地需符合如下规定：

1）高压岸电电源与船体等电位连接应符合规定，接地故障不应在岸侧到船侧的任何位置产生超过 0.03kV 的跨步电压或接触电压。中性点接地电阻的额定电流应同时满足不少于 0.025kA 且不小于 1.25 倍的变压器一次侧充电电流。宜监测中性点接地电阻值，接地电阻值异常时应断开岸侧断路器。

2）输出侧隔离变压器应通过以下两种方式接地：通过一个中性点接地电阻；包含变频装置的高压岸电电源可通过中性点接地电阻接地，或在变压器的原边通过带电阻的接地变压器来提供一个等效的接地阻抗。

（7）高压岸电电源通信要求需符合如下规定：

1）与港口岸电监控系统通信要求：高压岸电电源与港口岸电监控系统通信之间宜具备以太网、CAN 或 RS485 等通信接口。

2）与船舶通信要求：与电缆管理系统、岸电箱及船舶系统的通信接口宜采用以太网，通信介质宜采用光纤；通信内容宜包含电压、电流等模拟量信息以及保护与开关状态信息。

3）高压岸电电源急停要求需符合如下规定：①应在高压岸电电源侧配置相应的紧急停止回路，使供电侧和受电侧联锁关闭；②紧急停止回路应符合 IEC/ISO/IEEE 80005-1 的规定进行配置；③急停装置应装备在岸电电源供电设备上，并具备防止误操作的措施。

（8）高压岸电电源温升要求需符合如下规定：

1）极限温升。高压岸电电源设备在额定负载下长期连续运行，内部各发热元器件及各部位的温升不应超过表2-11和表2-12规定。

表2-11　　　　　　　　　　　　岸电装置各部件的温升限值

岸电装置的部件	温升（K）
内部元件①	根据不同元件的相关要求，或根据制造商的说明书（如有），考虑岸电装置内的温度。
用于连接外部绝缘导线的端子	70*
操作手柄 ——金属的 ——绝缘材料的	 15** 25**
可接近的外壳和覆板 ——金属表面 ——绝缘表面	 30*** 40***
分散排列的插头与插座	由组成设备的元器件的温升极限而定****

注　①"内部元件"指半导体功率单元和电子部件（印制电路等）。

　*　温升70K是根据常规试验而定。在安装条件下使用或试验的岸电装置，由接线、端子类型、种类、布置与试验（常规）所用的不尽相同，允许端子的温升不同。如果内装元件的端子同时也是外部绝缘导体的端子，应采用较低的温升。

　**　只有打开岸电装置外壳或覆板才能接触到的那些操作手柄，由于不是经常操作，允许有较高的温升。

　***　除非另有规定，那些可接触但在正常工作情况下不需接触的外壳和覆板，允许温升提高10K。

　****　就某些设备（如电子器件）而言，它们的温升不同于开关设备和控制设备。

表2-12　　　　　　　　　　　　变压器（电磁件）的温升限值

工作制等级	冷却媒质	绝缘等级	用电阻法测量的温升（K）
I	空气	A	60
		B	80
		F	100
		H	125

2）表面温度。表面温度应满足如下要求：在额定电流和环境温度40℃条件下，进行手动操作可接触的表面最高允许温度，金属部分为50℃，非金属部分为60℃。同样条件下，用户可能触及但是不需要手动操作的表面最高允许温度，金属部分为60℃，非金属部分为85℃。

（9）高压岸电电源在稳态运行情况下的噪声不应超过75dB（A）。

（10）高压岸电电源外壳防护等级应符合GB 4208的规定：①放置于码头前沿的岸电接电箱防护等级不应低于IP56；②放置于港口的集装箱式高压岸电电源，箱体防护等级不应低于IP55；③放置于室内或集装箱内部的设备，防护等级不应低于IP20。

（11）高压岸电电源外观与结构要求需符合如下规定。

1) 外观符合如下规定：①产品表面不应有明显的凹痕、划伤、裂缝、变形等现象，表面涂覆层不应起泡、龟裂和脱落，金属零件不应有锈蚀及其他机械损伤；②说明功能的文字符号及功能显示应正确、清晰、端正，并符合有关标准的规定。

2) 结构符合如下规定：①开关类元件操作应方便、灵活可靠；②汇流排应有绝缘措施；③零部件紧固无松动，接插件插接牢固，电接触良好；④电源箱体外壳宜采用标准集装箱式结构，箱体应坚实，顶部不应有易于积水的凹陷；⑤箱体内部的空间应能满足设备安装工艺布置、操作和维护的安全规范距离要求；⑥所有门及通风口的防护等级应与箱体相同。

（12）高压岸电电源标志需符合如下规定：高压岸电电源应有明显的标志，铭牌字迹应保证在整个使用期内不易磨灭，铭牌宜放在显著位置。铭牌内容应包含产品名称、型号、商标或产品代号，产品主要技术参数，出厂编号，制造日期（批号），制造厂名、厂址，使用年限等内容。

（二）低压岸电电源

1. 低压大容量岸电电源

（1）低压大容量岸电电源的运行环境需符合以下条件：①海拔不应超过1000m；②室内使用时，工作环境温度为−5～+40℃，空气相对湿度不超过95%，室外使用时，工作环境温度为−20～+45℃；③岸电电源应采取防潮、防霉菌和防盐雾措施，周围应无导电或可致爆炸的尘埃，无腐蚀金属或破坏绝缘的气体或蒸汽。

（2）低压大容量岸电电源运行需符合以下电气条件：①岸电系统中的电压畸变和注入港区供电系统的谐波电流允许限值，应符合现行国家标准的有关规定；②岸电装置处于稳态运行状态，输出电压在规定的范围内，允许三相输出电流不平衡限值为15%；③岸电系统的三相输入电压允许偏差应为±7%，频率波动允许偏差应为±2%；④三相输出电压允许偏差应为±5%，频率波动允许偏差应为±5%。

（3）低压大容量岸电电源需具备以下功能要求：①采用变频装置供电时，岸电电源应具有恒压和恒频输出能力；②岸电电源和船舶电站之间的负载转移采用短时并联方式。

（4）电压波动恢复时间：岸电电源在规定输入条件下，负载（功率因数为0.8滞后）电流在允许范围（0%～100%额定电流）内突加或突减引起输出电压发生变化，从电压变化开始至稳定到额定输出电压允许偏差范围内时间不应超过1.5s。

（5）频率波动恢复时间：岸电电源在规定输入条件下，负载（功率因数为0.8滞后）电流在允许范围（0%～100%额定电流）内突加或突减引起输出频率发生变化，从频率变化开始至稳定到额定输出频率允许偏差范围内时间不应超过1.5s。

（6）三相电压不平衡度：岸电电源处于稳态运行时，其输出电压三相不平衡度不应超过3%。

（7）功率因数：岸电电源应采取功率因数校正措施，在额定工况下，岸电电源功率因数不应小于0.95。

（8）效率：在额定工况下，岸电电源的效率不应低于95%（不包含输入、输出变压器）。

（9）过载能力：在规定的输入条件下，其输出电流等于额定输出电流的120%时，持续运行时间不应少于10min；输出电流等于额定输出电流的150%时，持续运行时间不应少于30s。

（10）低压大容量岸电电源保护功能需满足如下要求：

1）输出过载保护。岸电电源输出达到额定输出电流的105%时，应发出报警信号；输出电流超过150%额定电流，且持续时间大于30s时，应发出告警信号、切断输出，并保持故障显示。

2）输出短路保护。输出负载短路时，岸电电源应立即自动关闭输出，同时发出报警信号。

3）输出缺相保护。岸电电源输出缺相时，应发出告警信号、切断输出，并保持故障显示。

4）输出电压过、欠电压保护。当岸电电源输出电压超出规定的电压范围时，应在相应的时间内发出告警信号、切断输出，停止向负荷供电，并保持故障显示。此要求适用于多相系统中的任何一相。输出电压过、欠电压保护范围见表2-10。

5）输出电压频率保护。岸电电源输出电压频率超出允许偏差范围时，且持续时间大于1.5s时，应发出告警信号，切断输出，并保持故障显示。

6）逆功率保护。当船舶发电机向岸电电源输出侧逆送功率时，应发出告警信号、当逆送值超过逆功率保护定值时，应切断输出，并保持故障显示。

（11）低压大容量岸电电源电气绝缘需满足如下要求：①岸电电源的输入（出）电路对地应能承受规定的标准绝缘水平所定义的额定耐受电压；②各带电电路之间以及带电部件、导电部件、接地部件之间的电气间隙和爬电距离应符合规定。

2. 低压小容量岸电电源

（1）低压小容量岸电电源运行的环境需符合以下条件：①海拔不超过1000m；②室外使用时，工作环境温度为－25～＋50℃，空气相对湿度不应超过95%；③无剧烈震动冲击，应能承受规定的运输颠簸试验；④试验后，其外观、结构不应有损伤，且能正常工作；⑤周围应无导电或可致爆炸的尘埃，无腐蚀金属或破坏绝缘的气体或蒸汽。

（2）小容量电源运行需符合以下电气条件：①岸电系统中的电压畸变和注入港区供电系统的谐波电流允许限值，应符合现行国家标准的有关规定；②岸电装置处于稳态运行状态，输出电压在规定的范围内，允许三相输出电流不平衡限值为15%；③岸电系统的三相输入电压允许偏差应为±7%，频率波动允许偏差应为±2%；④三相输出电压允许偏差应为±5%，频率波动允许偏差应为±5%。

（3）小容量电源需具备以下结构要求：①应由壳体、电气模块、计量模块等部分组成；②电气模块和计量模块应安装在壳体内部，壳体包括外壳和人机交互界面；③电气模块应包括电气开关、供电接口、安全防护装置等。

（4）小容量电源主要性能指标需符合以下要求：

1）输出容量。小容量电源的系统额定输出容量等级宜采用20、40、80kVA系列。

2）输出电压。小容量电源的供电模式为交流单相或交流三相，额定电压单相为220V、三相为380V；其允许偏差不应超过额定输出电压的±15％。

3）输出频率。小容量电源的额定输出频率为50Hz，其允许偏差不应超过额定输出频率的±0.5％。

（5）小容量电源防护功能需满足如下要求：

1）外壳防护等级。小容量电源的防护等级不应低于IP55。

2）防潮湿、防霉变、防盐雾保护。小容量电源内印刷线路板、接插件等电路应进行防潮湿、防霉变、防盐雾处理。

3）防锈（防氧化）保护。小容量电源铁质外壳和暴露在外的铁质支架、零件应采取双层防锈措施，非铁质的金属外壳也应具有防氧化保护膜或进行防氧化处理。

4）电击防护。小容量电源设备的不同外露可导电部分需有效地连接到进线外部保护导体的端子上，且电路的电阻不应超过0.1Ω。

5）供电接口防尘和防水等级。供电插头、供电插座在与保护盖连接后，防护等级不应低于IP54。供电插头和供电插座插合后，其防护等级不应低于IP65。

（6）小容量电源电气绝缘性能需满足如下要求：

1）绝缘电阻。小容量电源输入回路对地、输出回路对地、输入对输出之间绝缘电阻不应小于10MΩ。绝缘试验的试验等级见表2-13。

表 2-13　　　　　　　　　　　　绝缘试验的试验等级　　　　　　　　　　单位：V

额定绝缘电压	工频电压	冲击电压
$U \leqslant 6$	1000	1000
$60 < U \leqslant 300$	2000	5000

2）工频耐压。小容量电源非电气连接各带电回路之间、各独立带电电路与金属外壳或地之间，按其工作电压应能承受历时1min的工频交流电压。试验过程中不应出现绝缘击穿和闪络现象。

3）冲击耐压。小容量电源非电气连接的各带电回路之间、各独立带电电路与金属外壳或地之间，按其工作电压应能承受短时冲击电压。试验过程中不应出现击穿放电现象。

4）小容量电源安全性能需满足如下要求：①非绝缘材料外壳应可靠接地，应具备带负载可分合电路，装设急停开关；②应安装漏电保护装置、过电流保护装置；③应具备防雷击保护功能。

二、船岸连接和接口设备

船岸连接装置是指港口岸电系统中岸侧与船侧电气与控制系统连接相关装置的总称，分为高压岸电连接装置、低压岸电连接装置、小容量岸电连接装置三种类型。港口岸电船岸连接应采用整根软电缆连接，且岸侧和船侧两端的连接装置都应采用符合规定的连接装置。

（一）高压岸电连接装置

高压船岸连接装置及接口设备应满足以下技术要求。

（1）高压岸电接电箱应满足以下要求：①宜安装在码头前沿，并应设置安全护栏或格栅；②岸电接电箱内宜预留光纤接口；③宜采用快速接插式插座，防护等级不应低于IP56；④爬电距离应符合 IEC 60815 的规定。

（2）高压岸电接电箱安全功能应满足以下要求：①应设置安全警示装置，具有明显的带电指示标志；②岸电接电箱与高压变频电源装置之间设置安全联锁装置；③岸电接电箱箱体应设置防触电设施，并应可靠接地；④船舶岸电接电坑应设置排水措施；⑤应具备接地保护和防雷措施。

（3）高压岸电电缆管理系统技术要求应符合 IEC/ISO/IEEE 80005-1 的规定。

（4）高压岸电接插件需要满足以下技术要求：

1）高压岸电接插件的标准额定值分两个等级：

等级一：最大电压值 7200V，最大电流值 350A。

等级二：最大电压值 12 000V，最大电流值 500A。

2）高压岸电接插件电气参数值及功能应符合 IEC/ISO/IEEE 80005-1 的规定。

3）高压岸电接插件触头包括控制触头、接地触头和相极触头，布置方式应符合 IEC/ISO/IEEE 80005-1 的规定。

4）高压岸电接插件结构尺寸应符合 IEC 62613-1《高压岸电连接系统用插头、插座和船舶耦合器　第 1 部分：通用要求》和 IEC 62613-2《高压岸电连接系统用插头、插座和船舶耦合器　第 2 部分：各种类型船用配件的尺寸兼容性和可替换性要求》的结构尺寸要求。

（二）低压大容量岸电连接装置

低压大容量岸电连接装置及接口设备需要满足以下技术要求：

（1）低压岸电接电箱宜应用于低压大容量岸电电源，需符合以下要求：①低压岸电接电箱可采用码头前沿固定安装的方式，也可采用与低压变压变频电源装置组合安装的方式；②低压岸电接电箱在码头前沿固定安装时，防护等级不应低于 IP56，且接电箱周围宜预留不小于 10m 的安全距离。

（2）低压岸电电缆管理系统可用于低压大容量岸电电源，技术要求应符合 IEC/ISO/IEEE 80005-1 的规定。

（3）低压岸电接插件需要满足以下技术要求：

1）低压岸电接插件额定值分两个等级：

等级一：最大电压值 500V，最大电流值 250A。

等级二：最大电压值 1100V，最大电流值 420A。

2）低压岸电接插件电气参数及功能应符合 IEC/PAS 80005-3 中电气参数及功能要求。

3）低压岸电接插件触头应包括控制触头、接地触头和相极触头，布置方式参照 IEC/PAS 80005-3 的规定。

4）低压岸电接插件结构尺寸需符合 JT/T 814.2《港口船舶岸基供电系统技术条件第 2 部分：低压上船》中附录 A 的结构尺寸要求。低压大容量岸电接插件的插头和插座的详细尺寸如图 2-2 和图 2-3 所示。

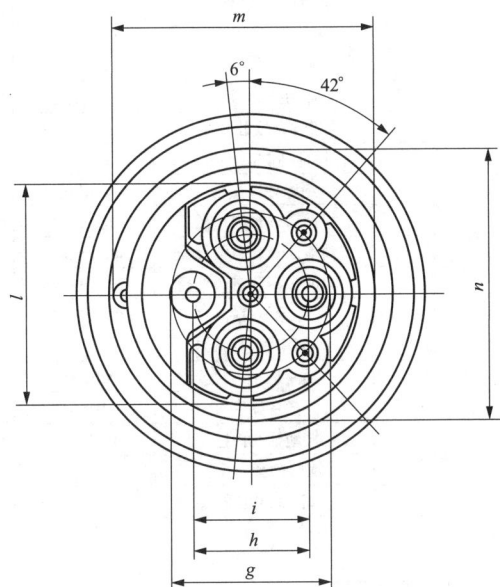

代号	名称	尺寸(mm)
a	绝缘板定位台阶深度	64.0 ± 0.25
b	相插销接触深度	10.5 ± 0.25
c	接地插销接触深度	10.5 ± 0.25
d	辅助插销接触深度	10.5 ± 0.25
e	插合深度	56.0 ± 0.25
f	相插销直径	$14.0_{-0.05}^{0}$
g	辅助插销直径	$3.0_{-0.05}^{0}$
h	接地插销直径	$14.0_{-0.05}^{0}$
i	相插销分布圆位置	48.0 ± 0.25
j	辅助插销分布圆位置	65.8 ± 0.25
k	接地插销分布圆位置	48.0 ± 0.25
l	绝缘体直径	89.0 ± 0.25
m	插头加导向	108.0 ± 0.25
n	插头最小直径	103.0 ± 0.25

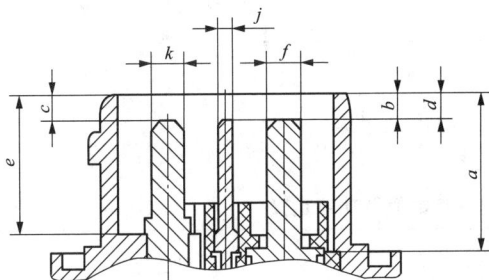

图 2-2　低压上船形式插头尺寸图

（三）低压小容量岸电连接装置

低压小容量岸电船岸连接装置及接口设备需要满足以下技术要求。

（1）船岸连接装置及接口设备技术要求参照 IEC 60309-1 和 IEC 60309-2 中最大交流电流 125A 及以下接口的技术要求。

（2）小容量岸电接插件额定值分为两个等级：

等级一：最大电压值 400V，最大电流值 32A。

等级二：最大电压值 500V，最大电流值 125A。

（3）小容量岸电接插件的电气参数及功能定义见表 2-14。

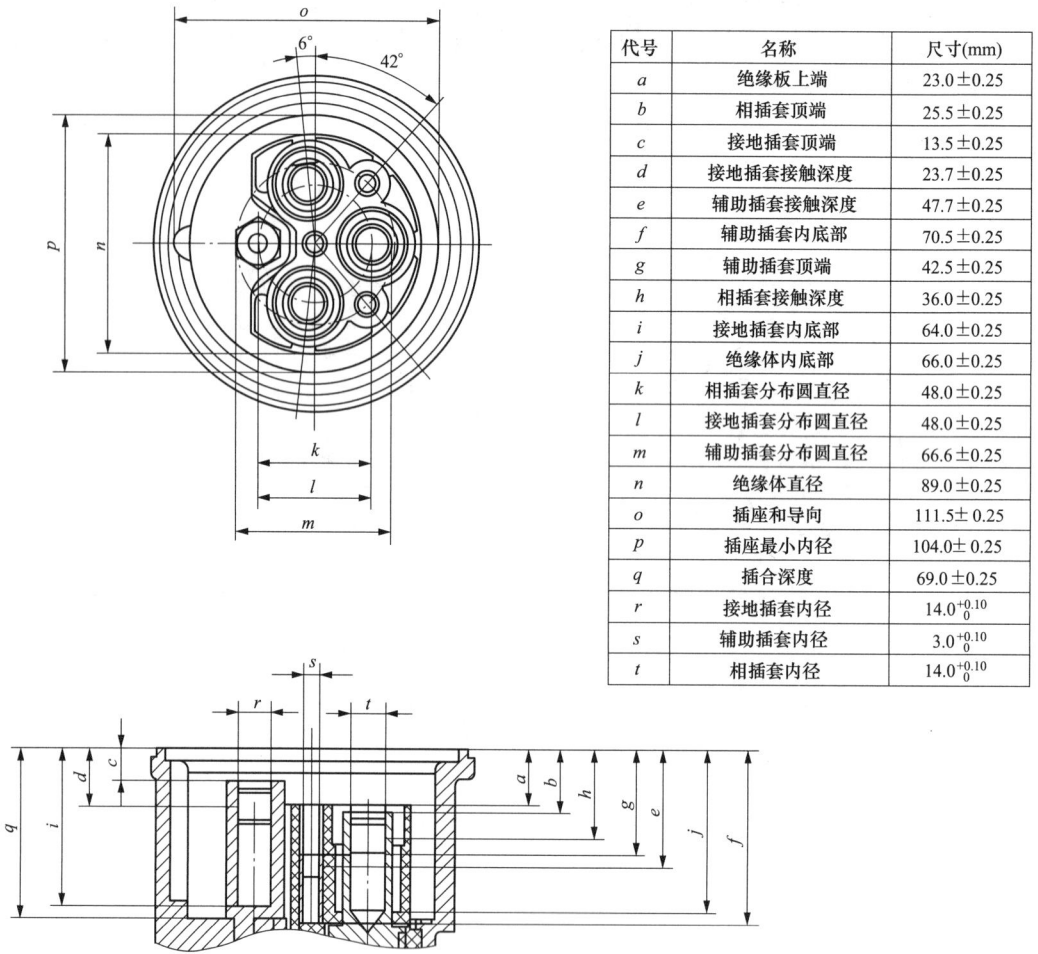

代号	名称	尺寸(mm)
a	绝缘板上端	23.0±0.25
b	相插套顶端	25.5±0.25
c	接地插套顶端	13.5±0.25
d	接地插套接触深度	23.7±0.25
e	辅助插套接触深度	47.7±0.25
f	辅助插套内底部	70.5±0.25
g	辅助插套顶端	42.5±0.25
h	相插套接触深度	36.0±0.25
i	接地插套内底部	64.0±0.25
j	绝缘体内底部	66.0±0.25
k	相插套分布圆直径	48.0±0.25
l	接地插套分布圆直径	48.0±0.25
m	辅助插套分布圆直径	66.6±0.25
n	绝缘体直径	89.0±0.25
o	插座和导向	111.5±0.25
p	插座最小内径	104.0±0.25
q	插合深度	69.0±0.25
r	接地插套内径	$14.0^{+0.10}_{0}$
s	辅助插套内径	$3.0^{+0.10}_{0}$
t	相插套内径	$14.0^{+0.10}_{0}$

图 2-3 低压上船形式插座尺寸图

表 2-14   小容量岸电接插件触头电气参数值及功能定义

触头标识	额定电压和额定电流	功能定义
L1	500V/400V，125A/32A	交流电力芯
L2	500V/400V，125A/32A	交流电力芯
L3	500V/400V，125A/32A	交流电力芯
E	—	接地（E）
N	—	中性线（E）

注 备用触头可用作通信线。

（4）小容量岸电接插件应包含5对触头。触头布置方式如图2-4所示。

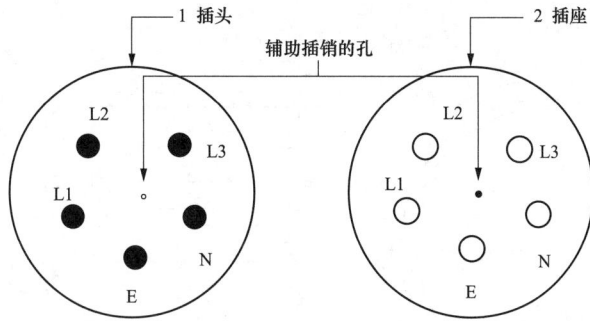

图 2-4　小容量岸电插头和插座触头布置方式

（5）小容量岸电接口插头、插座结构尺寸如图 2-5、图 2-6 所示。

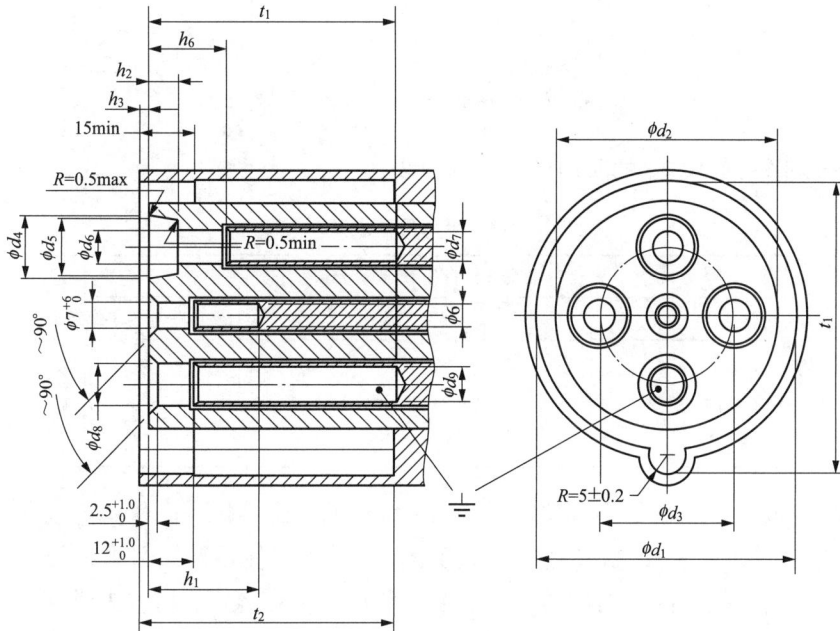

图 2-5　小容量岸电接口插头尺寸图

小容量岸电接口插头及插座的所用尺寸详见表 2-15。

表 2-15　　　　　　　　　　　小容量岸电接口插头及插座所用尺寸表　　　　　　　　单位：mm

类型	额定电流（A）	d_1 $+0.8$ 0	d_2 0 -1.5	d_3 ±0.5	d_4 $+1.0$ 0	d_5 min	d_6 $+0.8$ 0	d_7	d_8 $+0.8$ 0	d_9^c	h_1 min	h_2 $+3.0$ 0	h_3 0 -1	h_4 max	h_4 min	h_3 max	h_3 min	l_1 $+0.8$ 0	t_1 min	t_2 min
2P+⏚ 3P+⏚	63/60	71.0	60.0	36.5	16.6	15.1	9.0	8	11.0	10	30.0	8.0	2.5	1.5	0.5	2.0	0.6	77.5	67	69
3P+N+⏚	125/100	83.0	71.0	42.5	21.0	19.0	11.0	10	14.0	12	32.0	10.0	4	2.0	0.6	2.5	0.8	89.5	71	76

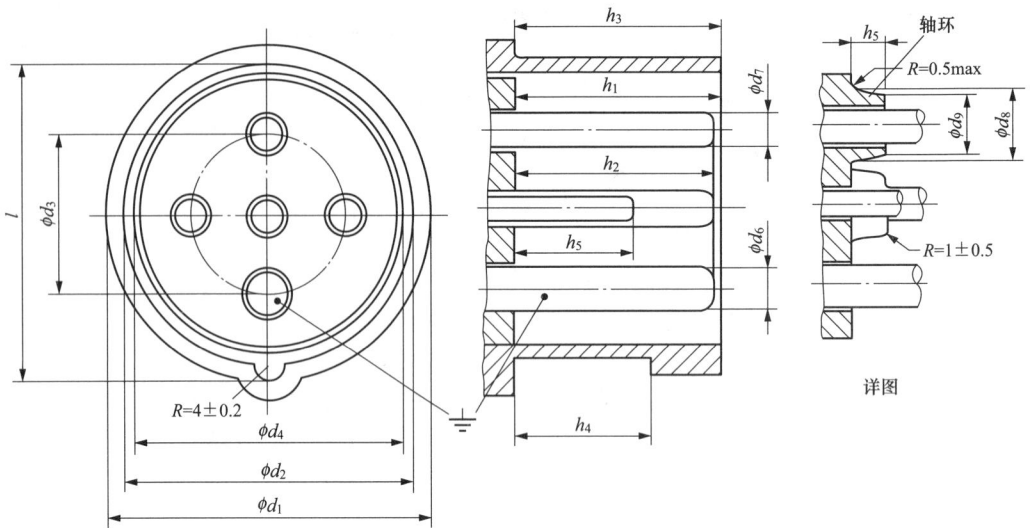

图 2-6　小容量岸电接口插座尺寸图

图 2-5 和图 2-6 中 h_6 的所用尺寸详见表 2-16。

表 2-16　　　　　　　　　　　　　　　　h_6 所用尺寸表

插套孔的深度 $h_6{}^{+1}_{\ 0}$（mm）		
类型	63/60A	125/100A
电气联锁组件	21	21
机械联锁组件	21 或 40	21 或 40
无联锁	21 或 40	40

（6）岸电接口应包含如下标识：①按岸电接口的匹配性标识、额定电流（单位 A）、最大工作电压（单位 V）、制造商名字和商标，型号可以使用产品目录编号；②岸电接口的触头标识应位于相对于紧贴端子的位置，不能放置在螺钉、可洗去或其他可去除的位置上；③标识应耐磨、清晰，互配性的标识不少于 10mm 的高和宽，可以用对比色，采用加压或其他类似的工艺。

三、电能计量系统

（一）电能计量系统组成与结构

港口岸电电能计量系统包含岸电计量装置、电能量远方终端、信息通道等单元。根据一次侧输入额定频率不同，港口岸电电能计量系统分为 50Hz 计量和 60Hz 计量两种结构。港口岸电电能计量系统典型结构如图 2-7～图 2-9 所示。

（二）计量设备的技术要求

1. 电能表技术要求

（1）电气要求。电能表电气要求应符合 IEC 62052-11 和 IEC 62053-21 的规定。

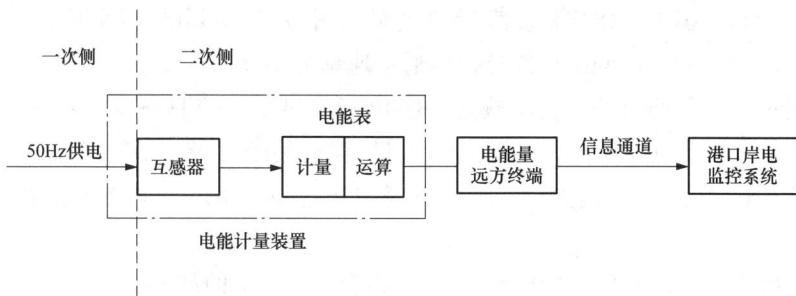

图 2-7　额定频率 50Hz 电能计量系统（适用于高压岸电电源和低压大容量岸电电源）

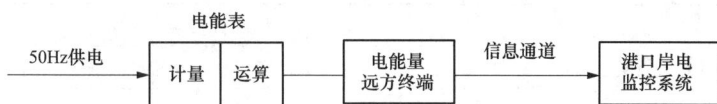

图 2-8　适用于低压小容量岸电电源电能计量系统

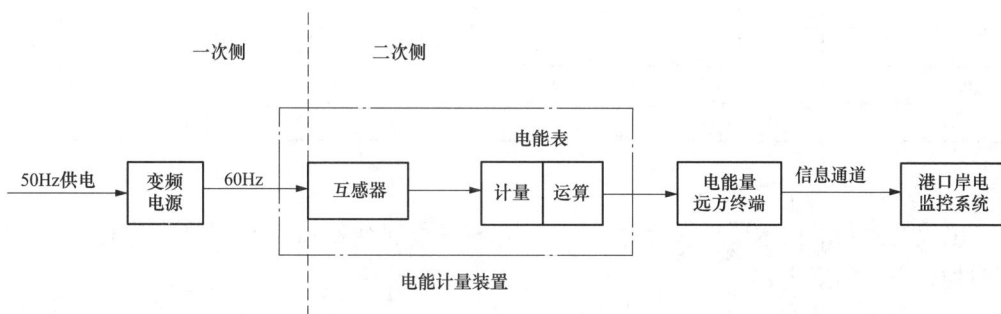

图 2-9　额定频率 60Hz 电能计量系统（适用于高压岸电系统和低压大容量岸电电源）

（2）电能计量要求。①电能表应能计量有功总电能和各费率有功电能；②应配置便于观察的输入电压、电流、有功功率的显示装置；③配置应满足测量并能远程传输信息的输出电压、电流、功率因数、有功功率、无功功率、频率和累积输出电能的装置，以及便于观察输出电压、电流、功率因数、有功功率、频率的显示装置；④电能表应能计量有功总电能和各费率有功电能。

（3）存储功能要求。电能表存储功能和时钟、费率时段设置功能、事件记录功能、通信功能以及显示功能均应符合国家标准及行业规定。

（4）时钟、费率时段要求。

1）仪表应配置内部时钟，日历的闰年自动切换应保证自出厂后 20 年有效（不出错），日历和时钟的修改应有防止非授权人操作的措施并应在不损坏校准封缄的条件下进行。

2）在 24h 内至少可任意设置 8 个时段，最小时段为 15min。

3）在 24h 内至少可任意设置 4 种费率。

（5）事件记录要求应符合如下规定：①记录编程总次数，最近 10 次编程的时刻、操作者代码和编程项；②记录校时总次数（不包含广播校时），最近 10 次校时前、后的时间。

（6）通信功能要求。岸电计量装置应具有一路调制型红外通信接口和至少一路

RS485 通信接口。其中 RS485 通信接口初始速率为 2400bit/s，可通过软件设置为 1200、4800、9600bit/s；调制型红外接口通信速率为 1200bit/s。

（7）显示功能要求应符合如下规定：①电能表显示屏应具备背光功能，可通过按键、红外灯触发方式点亮背光，2 个自动轮显周期后关闭背光；②电能表应具备自动循环和按键两种轮显方式；③电能表应能显示累计电能量、电压、电流、功率、时间、报警等信息。

（8）准确度要求。电能表的准确度等级应符合表 2-17 的规定。

表 2-17　　　　　　　　　　　　　　　电能表的准确度等级

电能计量装置类别	准确度等级	
	电能表	
	有功	无功
Ⅰ	0.2S	2
Ⅱ	0.5S	2
Ⅲ	0.5S	2
Ⅳ	1	2
Ⅴ	2	—

2. 电流互感器技术要求

电流互感器的技术要求应符合 IEC 61869-2《仪表变压器　第 2 部分：电流变压器用附加要求》的规定。

3. 电压互感器技术要求

电压互感器的技术要求应符合 IEC 61869-3《仪表变压器　第 3 部分：感应式电压互感器用附加要求》的规定。

4. 电能量远方终端技术要求

电能量远方终端应符合以下规定。

（1）工作条件。

1）设备正常工作的空气温度和湿度分级见表 2-18。

表 2-18　　　　　　　　　　　　　　　空气温度和湿度分级

级别	温度（℃）	湿度（%）
C1(3K5)	−5～+45	5～95
C2(3K6)	−25～+55	10～100
C1(3K7，1K5)	−40～+70	10～100
CX	特定	

2）设备在 IEC 60870-2-2 规定的 1K5 级（贮存）和 2K4 级（运输）环境条件下元器件不应出现损坏；温度恢复后，设备性能符合要求。

3）大气压力：70～106kPa。

（2）周围环境要求。

1）无爆炸危险，无腐蚀性气体及导电尘埃，无严重霉菌存在，无剧烈振动冲击源。

2）接地电阻应小于 4Ω。

（3）交流及直流电源。

1）交流电源电压标称值为单相 220V。

2）交流电源电压容差为−20%～+20%。

3）交流电源频率为 50Hz，频率容差为±5%。

4）交流电源波形为正弦波，谐波含量小于 10%。

5）直流电源电压标称值为 24V 或 48V。

6）直流电源电压容差为−20%～+15%。

7）直流电源电压纹波不大于 5%。

（4）功能要求。

1）采集电能量（数字或脉冲形式）向远方传送，并能对 4 种或以上不同费率进行标识。

2）失电后能长期存储电能量数据信息。

3）具有分时段，即按尖、峰、谷、平不同时段存储电能量数据信息的功能。

4）能符合不同调度端、不同采集周期的计费数据要求。

5）具有防止失电后不能工作的后备电源。

6）可记录并报告开机时间、关机时间、各模块工作情况、电源故障、参数修改记录等状态信息及事件顺序记录，并可远方查询和当地查询。

7）具有对时功能，能与主站或与全球定位系统 GPS 对时。

8）具有程序自恢复功能。

9）具有设备自诊断（故障诊断到插件级）和接受远方诊断的功能及声或光的故障报警。

10）能适应电话通道、专线通道和数据网络等多种通信方式，对于电话通道有软件拨号。

11）具有密码设计和权限管理功能，能防止非法操作。

12）具有当地或远方参数设置功能。

13）当地可以人工读取数据。

14）具有当地显示及打印制表功能。

15）具有与两个及以上主站通信的功能，向主站传送的所有数据和信息均应带有时标。

16）可配备内置的调制解调器。

（5）基本性能要求。

1）存储电能量的容量分级见表 2-19。

表 2-19　　　　　　　　　　　存储电能量的容量分级

级　别	存储容量
A	512kB
B	8MB
C	16MB

2）存储周期应为 1～60min 可调。

3）在失电情况下，电能量数据和参数能准确保存 7 天以上。

4）电能量的误差不大于±1 个脉冲输入。

5）电能量的数值与输入所连接的电能表的数值一致（串行口数字输入）。

6）脉冲输入回路：采用光电隔离及抗电磁干扰电路。

7）脉宽：大于 10ms。

8）接口电平：DC0～24V，0～48V。

9）串行编码数据输入：采用 RS485 或 RS232 接口。

5. 港口岸电电能计量装置的配置原则

（1）由电力企业安装、用于贸易结算的电能计量装置配置遵循以下原则。

1）贸易结算用的电能计量装置原则上应设置在供用电设施产权分界处；在发电企业上网线路、电网经营企业间的联络线路和专线供电线路的另一端应设置考核用电能计量装置。

2）Ⅰ、Ⅱ、Ⅲ类贸易结算用电能计量装置应按计量点配置计量专用电压、电流互感器或者专用二次绕组。电能计量专用电压、电流互感器或专用二次绕组及其二次回路不得接入与电能计量无关的设备。

3）35kV 以上贸易结算用电能计量装置中电压互感器二次回路，应不装设隔离开关辅助接点，但可装设熔断器；35kV 及以下贸易结算用电能计量装置中电压互感器二次回路，应不装设隔离开关辅助接点和熔断器。

4）贸易结算用高压电能计量装置应装设电压失压计时器。未配置计量柜（箱）的，其互感器二次回路的所有接线端子、试验端子应能实施铅封。

5）互感器二次回路的连接导线应采用铜质单芯绝缘线。对电流二次回路，连接导线截面积应按电流互感器的额定二次负荷计算确定，至少应不小于 4mm²。对电压二次回路，连接导线截面积应按允许的电压降计算确定，至少应不小于 2.5mm²。

6）互感器实际二次负荷应在 25%～100%额定二次负荷范围内；电流互感器额定二次负荷的功率因数应为 0.8～1.0；电压互感器额定二次功率因数应与实际二次负荷的功率因数接近。

7）电流互感器额定一次电流的确定，应保证其在正常运行中的实际负荷电流达到额定值的 60%左右，至少应不小于 30%。否则应选用高动热稳定电流互感器以减小变比。

8）为提高低负荷计量的准确性，应选用过载 4 倍及以上的电能表。

9）经电流互感器接入的电能表，其标定电流宜不超过电流互感器额定二次电流的 30%，其额定最大电流应为电流互感器额定二次电流的 120%左右。直接接入式电能表的标定电流应按正常运行负荷电流的 30%左右进行选择。

10）执行功率因数调整电费的用户，应安装能计量有功电量、感性和容性无功电量的电能计量装置；按最大需量计收基本电费的用户，应装设具有最大需量计量功能的电能表；实行分时电价的用户，应装设复费率电能表或多功能电能表。

11）带有数据通信接口的电能表，其通信规约应符合 DL/T 645《多功能电能表通信规约》的要求。

12）具有正、反向送电的计量点应装设计量正向和反向有功电量以及四象限无功电量的电能表。

（2）由用户自行安装、用于其内部经济技术指标考核的岸电计量装置配置遵循以下原则。

1）变频岸电系统宜同时在系统输入侧和输出侧配置准确度等级相同的岸电计量装置；非变频岸电系统可根据需要在输入侧或输出侧配置岸电计量装置。

2）变频岸电系统输入侧可配置额定频率 50Hz 或 50～60Hz 岸电计量装置，输出侧应配置额定频率 60Hz 或 50～60Hz 岸电计量装置；非变频岸电系统可配置额定频率 50Hz 或 50～60Hz 岸电计量装置。变频和非变频岸电系统电能计量装置典型配置如图 2-10 和图 2-11 所示。

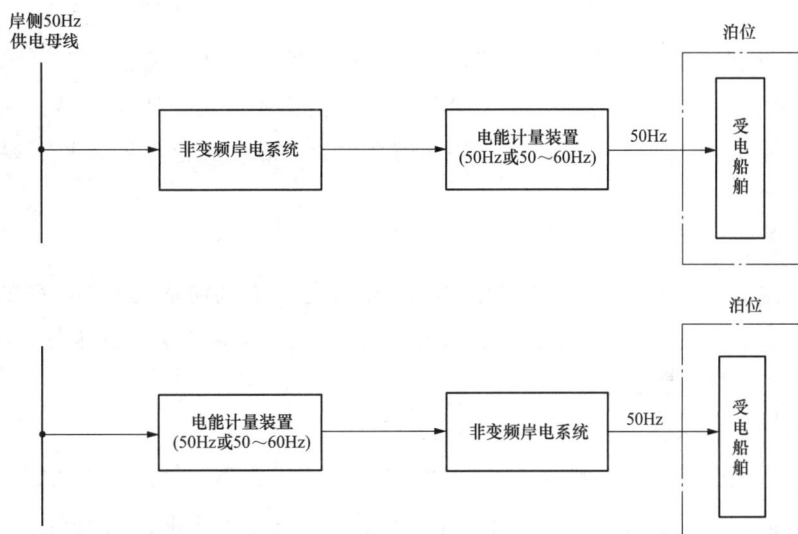

图 2-10　变频岸电系统电能计量装置典型配置图

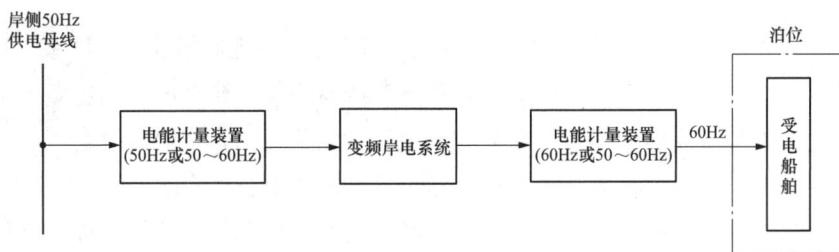

图 2-11　非变频岸电系统电能计量装置典型配置图

3）计量用互感器或专用二次绕组及其二次回路不得接入与电能计量无关的设备。

4）港口岸电系统中容量大于 1600kVA 的回路应配置独立计量柜。未配置独立计量柜的，其互感器二次回路的所有接线端子、试验端子应能实施铅封。

5）互感器的输出参数应满足测量仪表、计算机等设备遥测的要求。

⚓ 第三节　岸电设备选型

一、选型原则

岸电设备选择按照可用寿命期内综合优化原则：选择免检修、少维护、使用方便的电气设备，其性能应能满足高可靠性、技术先进的要求；应能够适应港口高温、高湿、高腐蚀性等恶劣的使用环境；安装于室外设备应采用耐风化、防盐雾的优质油漆进行特别的防护处理，油漆及其涂层符合 ISO/EN 12944 中 C4 标准。

二、供电设备选型

岸电系统的供电设备主要包括配电变压器、高压柜、低压柜、变压器、变频功率单元组等。配电变压器多采用箱式变电站（简称箱变）或变电房等型式，若采用箱式变电站时，由于箱体安装在港口码头，码头白天温度较高，夜间温度较低，空气湿度相对较大，且含有腐蚀性物质，因此箱体外表面需要做防水、防潮、防腐蚀等特殊处理。另外，电气设备工作时会散发大量热量，故箱变还需具备通风散热、加热除湿的功能。考虑到大风、台风天气对建筑物的破坏因素，箱变在制作安装时需要做加强固定处理。

（一）配电变压器

岸电电源的输出容量应满足船舶用电设备正常运行有功功率及无功功率的要求，系统额定输出容量等级宜采用变压器常用容量等级，内河港口岸电宜采用 200、400 和 630kVA 系列容量的变压器。

变压器选型应综合考虑以下影响因素：

（1）应根据船舶类型、吨位、用电设备特性和供电距离等具体情况确定船舶岸电系统的用电负荷。确定多泊位岸电系统的用电负荷时，还应考虑泊位利用率。

（2）根据最大允许停靠船型、吨位和用电设备的最大容量确定单泊位岸电系统的用电负荷。

（3）输入电源一般为 50Hz，应根据到港船舶用电的定制输出 50Hz 或 60Hz 的电源，在满足近期港口电力需要的前提下，受电变压器应保留合理的备用容量，为远期发展留有余地。在保证受电变压器不超载和安全运行的前提下，应同时考虑减少电网的无功损耗。一般港口计算负荷宜等于变压器额定容量的 70%～75%。

（4）在选择变压器损耗等级时，应综合考虑初始投资和运行费用，优先选用节能型变压器，禁止使用国家明令淘汰的型号。针对干式变压器应配置变压器绕组温度监测元件。

（5）为减少用电设备谐波源谐波电流对电源侧的影响（谐波在三角形接线的高压侧可闭环掉一部分含量），变压器接线组别尽量选择 Dyn11。变压器的适用范围和参考型号见表 2-20。

表 2-20 各类变压器的适用范围及参考型号

变压器型式	适用范围	参考型号
普通油浸式密闭油浸式	一般正常环境的变电站	应优先选用 S11 及以上型配电变压器
干式	用于防火要求较高或潮湿、多尘环境的变电站	SC(B)11 等系列树环氧树脂浇铸变压器
密封式	用于具有化学腐蚀性气体、蒸汽或具有导电及可燃粉尘、纤维会严重影响变压器安全运行的场所	S11-M.R 型油浸变压器
防雷式	用于多雷区及土壤电阻率较高的山区	SZ 等系列防雷变压器,具有良好的防雷性,能承受单相负荷能力也较强

（二）高压开关柜

高压开关柜应符合下列规定：

（1）高压开关柜宜选用金属封闭式。

（2）高压开关柜应满足继电保护、测量仪表、控制等配置要求及二次回路的要求。

（3）金属封闭开关设备应考虑环境温度、湿度、防尘等因素，可分为 0 类、1 类、2 类三个设计等级，设计等级应与使用条件相对应。

（4）高压开关柜内的高压电器应根据环境温度进行校验。

（5）高压开关柜应具备"五防"功能，即具有防止带负荷推拉断路器手车、防止误分合断路器、防止接地开关处于闭合位置时摇进断路器、防止误入带电隔室、防止在带电时误合接地开关的联锁功能。并应满足 GB 3906《3～35kV 交流金属封闭开关设备》的有关规定。

（6）高压开关柜防护等级应不低于 IP4X。

（7）采用具备 RS485 通信功能和电量计量功能的多段保护综合继电保护装置，保护功能包括过电流、短路、过电压、欠电压、逆功率、三相不平衡等故障保护，显示测量功能包括电流、电压、频率、有功功率、无功功率、功率因数、有功电量、无功电量等，综合继电保护装置应能同时满足 50Hz 和 60Hz 两种电源的继电保护以及显示和计量需要。

（8）接地刀开关在开关柜前操作，接地设备的容量在接地开关闭合时应能承受短路电流，接地开关在闭合、断开两个位置时均能锁扣，接地与否应能在柜前辨别并与高压真空断路器互锁。

（9）开关柜可实现本地操控和远程操控两种操作模式。本地操控是操作人员通过开关柜操作面板进行断路器的合/分闸操作；远程操控是操作人员通过远程人机界面对断路器的合/分闸操作。不管何种操作模式，一切操控都以本地操作方式优先执行。

（10）开关柜操作面板应安装有如下仪表和指示灯及开关：综合继保装置、输入和输出高压带电指示灯及电压测量端口、三相机械式电流表、电压表、合/分闸开关及指示灯、储能开关及指示灯、操作模块转换开关、断路器小车位置指示灯、接地开关位置指示灯等。

（11）开关柜远程上传数据信息包括各种电量数据信息、断路器合/分闸信息、断路器储能信息、断路器小车位置信息、接地开关位置信息等。

（12）开关柜内主电路必须采用铜纯度≥99.9%的高导电解铜排，并套 PVC 色标热缩套管。每根铜排需整根镀锡处理，并且截面在整个长度内均匀。其截面应能承载连续的负载电流，铜排的接点应确保有效的导电和牢固的连接。母线排应采用专用的母线排加工设备进行弯、折、冲孔等加工处理，加工后母线排应光洁，无锤印、裂纹、毛口。

（13）开关柜安装避雷器及加热防凝露装置和照明装置。

（三）低压开关柜

低压开关柜应符合下列规定：

（1）低压开关柜的型号和防护等级应根据所处场所和环境确定，且防护等级不应低于 IP4X。

（2）低压开关柜的结构和安装应保证操作人员的安全，并便于操作、维护、巡视、维修和试验。

（3）柜内的安装板、抽屉等均应镀锌处理，电缆出入应采取密封措施。

（4）柜内应设保护接地母线排，并应通过绝缘子固定在柜架中。

（5）低压开关柜进线断路器宜采用框架式，并配电子脱扣器。电子脱扣器应具备良好的电磁屏蔽性能和耐温性能，设失压脱扣。

（6）开关柜安装带 RS485 通信功能的电力参数智能表，能对低压输出的三相线电压、三相线电流、三相线电压平均值、三相线电流平均值、输出频率、输出功率因数、有功功率、无功功率、有功功率计量、无功功率计量等电力参数集中显示和计量。

（7）开关柜内主电路必须采用铜纯度不小于 99.9% 的高导电解铜排，并套 PVC 色标热缩套管。每根铜排需整根镀锡处理，并且截面在整个长度内均匀。其截面应能承载连续的负载电流，铜排的接点应确保有效的导电和牢固的连接。母线排应采用专用的母线排加工设备进行弯、折、冲孔等加工处理，加工后母线排应光洁，无锤印、裂纹、毛口。

（8）开关柜可实现本地/远程操作控制，远程上传数据信息包括各种电量数据信息、断路器合/分闸信息、断路器位置信息等。

（9）开关柜预留足够的输出电缆接口和空间，满足低压输出电缆连接需要。

（10）0.4kV 配电箱（柜）进线断路器宜采用框架式，并配电子脱扣器。电子脱扣器应具备良好的电磁屏蔽性能和耐温性能，一般不设失压脱扣。JP 柜进线可采用带熔断器的隔离开关。

（11）0.4kV 馈线采用空气断路器、挂接开关或低压柜组屏，空气断路器应根据使用环境配热磁脱扣或电子脱扣。低压进线侧宜装设 T1 级带 RS485 通信接口电涌保护器。

（四）变压变频电源

变频系统将港口 50Hz 交流电变换成适用于国内外船舶 60Hz/50Hz 的交流电，满足港口船舶岸电供电要求。

低压变压变频电源应符合下列规定：

（1）外壳防护应符合 GB 4208《外壳防护等级》的有关规定。

（2）基本模块单元、功率单元和控制单元宜具有良好的尺寸和功能的互换性。

（3）低压变压变频电源承受 110% 负载的持续时间不应小于 60s。当瞬间负载容量超过低压变压变频电源额定容量时，供电质量应满足 GB/T 14549《电能质量 公共电网谐波》有关规定。

（4）低压变压变频电源应能直观显示输出电压、电流、频率、有功功率、无功功率、功率因数和三相不平衡度等电气参数，并应配备人机显示操作装置，宜具备远端实时采集功能。

（5）低压变压变频电源安全功能应满足下列要求：

1）设置短路保护、过载保护、过电压保护、欠电压保护、逆功率保护、低频保护和缺相保护，并具备报警、显示和记录故障的功能。

2）所有带电部件不能被偶然触及。

3）内河港口由于停靠船舶不同于海船，所用电制与岸电相同，都是 380V/50Hz 的电源，故通常不需要变压变频装置。

（五）电缆

电缆截面选择时，应考虑电缆所承受的负载电流、线路允许的电压降、工作环境温度和敷设方式。

（1）电缆线路截面应按远期规划一次选定，构成环网的干线截面应匹配，建设改造区域的电缆截面及材质选择应标准化。

（2）10kV 电缆一般采用三芯交联聚乙烯电缆，内护套可采用聚氯乙烯或聚乙烯材质，外护套一般采用聚氯乙烯，隧道、电缆沟内敷设时，应采用阻燃型交联聚乙烯绝缘电缆。

（3）10kV 电缆附件可选用预制式产品，应有密封防水措施；紧凑型环网单元和箱式变电站等可分离式连接器采用全屏蔽可触摸式结构。

（4）上船电缆作为传输电力的导体，为满足卷绕的应用工况，将其设计成高柔性并具备高抗拉性能。同时，电缆外护套材料具有抵抗海洋恶劣环境的能力。上船电缆一般选用船用电力橡套软电缆或重型橡胶电缆，应满足相应电压等级的要求。上船电缆长度的确定应考虑接电装置、船舶干舷高度、吃水变化和水位变化等情况的影响。

（5）电缆芯数的确定应满足船舶发电机接地方式的要求。

（6）码头船舶岸电电缆终端、接头的配置应符合 GB 50217《电力工程电缆设计规范》的有关规定。

三、岸电设备选型

（一）接电装置

接电装置包括接电箱和快速接插件。接电箱主要起转接作用，停靠船舶通过岸电箱上的安全插座实现与码头船舶岸电系统的对接。

1. 接电箱

由于岸电桩布置在码头岸边，所受力主要为风力与船—岸连接电缆的拉扯力。出于安全的考虑，基础应采用水泥混凝土浇筑，并通过内置钢筋笼与地脚螺栓提高基础安全性。

（1）接电箱（岸电桩、充电机）的选型应满足港口停泊船舶不同的供电电压、频率及用电容量等需求。

（2）接电箱一般选择户外安装方式，安装在码头泊位边，应具备较高的防腐能力和不应低于 IP55 的防护等级。岸电箱外壳宜采用 304 不锈钢制作，铰链、螺栓等配套件也应采用不锈钢材质。岸电箱体须进行特别的油漆防护处理。

（3）岸电桩安装完毕后，桩体下部进线孔必须用防水泥可靠封堵密封良好，满足防锈、防水、防潮、防尘的要求。配电柜的门应能在不小于 90° 的角度内灵活开闭，门在开闭过程中不应损坏涂覆层，门锁上后不应有明显的晃动现象。

（4）接电箱应具备带电显示功能和报警功能。

（5）接电箱的布置应考虑工作现场的环境条件、内河船舶靠泊的需求和水位变化的影响。应超出码头岸桥轨面一定高度，确保无河水浸泡风险。应有明显的警示标示和警示牌，避免与船舶系泊缆绳或其他装卸设备互相干扰影响。

（6）岸电箱应具备一定的机械强度以满足插拔电缆的应力需要。应设置观察窗口，便于操作员对箱内的工作状态指示灯进行观察。岸电箱应可靠接地。

（7）岸电箱安装相应负荷电流的低压电缆快速连接插座，配置相应容量的塑壳断路器及电动操作装置，分别对快速电缆插座进行本地分/合闸控制。

（8）岸电配电箱布线应符合要求，母线排应采用绝缘支持件进行固定，以保证母线之间和母线与其他部件之间距离不变。母线的布置和连接及绝缘支持件应能承受装置额定的短时耐受电流和峰值耐受电流所产生机械应力和热应力的冲击；母线之间连接应保证有足够持久的压力，但不应使母线变形，振动和温度变化在母线上产生的膨胀和收缩不致影响母线连接部位的接触特性；当电源侧或负荷侧发生短路或过载时，配电箱进线、出线断路器应起到保护作用；二次回路导线选择多股铜导线，电流回路、电压回路导线截面积不小于 $2.5mm^2$，接地线采用黄绿双色线标，截面积不小于 $4.0mm^2$。

2. 快速接插件

（1）应选择国家统一标准的插头和插座，防护等级应不低于 IP65。

（2）插头和插座应满足电缆最大输送电流限值的要求。

（3）插头和插座应符合相应电压等级的要求。

（4）插头和插座应配置保护盖。

（5）插头的外壳应将端子和充电电缆的端部完全封闭。

（6）插头和插座之间只能按唯一的相对位置进行插合。

（7）插头应具备插接机械和电气联锁的功能，正常使用时不应松脱。

（8）快速接插件的带电端应为插孔形式，受电端应为插针形式。

（二）低压电缆卷筒

（1）低压电动电缆卷筒安装在码头泊位边，应具备较高的防腐能力和防护等级。电缆卷筒、支架宜采用优质型材钢制作，集电器箱、电控箱和铰链、螺栓等配套件也应采用不锈钢材质。集电器箱、电控箱、电机的防护等级为 IP66，须对电缆卷筒整体进行特别的油漆防护处理。

（2）电缆卷筒采用横向多层排缆方式，减低电缆卷筒高度，避免与船舶系缆绳相互影响。另外，电缆卷筒安装电缆卷绕长度报警装置，当电缆放至最后 1～2 圈时发出告警及断开船舶供电。（注：告警电缆长度任意可调）

（3）电缆卷筒能自动根据岸电电缆的张力（张力阈值可调）自动收紧或放松电缆，当岸电电缆的拉伸力超过张力阈值时电缆卷筒处于自由释放状态，确保岸电电缆不会承受过大的拉力而损坏电缆。

（4）由于船舶位置的变化是一个极其缓慢的过程，电缆的自动张紧控制方式应采用适应电缆张力缓慢变化的张力检测控制装置，电缆收/放电机只在调整电缆张紧时短暂工作，大部分时间处于不工作状态，可提升电机、变速箱等机械部件的使用寿命并且节能。

（5）电缆卷筒具有手动/自动两种电缆收放操作模式。手动操作模式可人工收放电缆和调整电缆的张紧状态，自动操作模式可自动定时（定时时间任意设定）收放电缆和调整电缆张紧状态。

（6）电动电缆卷盘电缆卷筒的工作电源采用宽输入电源设计，能自动适应 380V/50Hz 的码头陆上电源和 440V/60Hz 船上电源，方便电缆卷筒安放在陆上或船上使用。

（7）电控箱的控制按钮开关和指示灯应采用户外防水型式。集电器箱内安装加温防凝露装置。

⚓ 第四节 选址及设备布置原则

依据 2017 年 2 月 23 日交通运输部发出《港口岸电布局建设方案（征求意见稿）》，要求综合考虑港口地理区位、吞吐量规模、靠泊能力等因素，统筹协同，系统规划，形成全面覆盖、层次分明、重点突出的港口岸电建设方案，分类型、有重点、分阶段推进港口岸电工程建设，有效控制靠港船舶大气污染物排放，推动重点区域大气污染联防联控，提升港口生态环境保护品质，促进绿色交通运输体系发展，以此确定岸电选址原则。

一、选址原则

（1）岸电设备安装位置应满足交通方便，便于施工、运行维护与检修。

（2）岸电设备应选择地势较高的位置，不应设在易受洪水淹没的洼地和可能积水的场所。

（3）供电设备应靠近负荷中心，且方便中低压进出线的位置。

（4）岸电设备应设置在少尘和无腐蚀性气体的场所，不应设置在导电或爆炸尘埃的场所。

（5）岸电设备应避开港口（或水上服务区）的燃油管道及设备，不应设在有火灾危险区域的正上方或正下方。

（6）岸电设备应与周边环境、景观设施及构筑物等相协调，接电箱布设位置应方便船舶人员通行与操作。

（7）项目选址、施工布置不占用自然保护区、风景名胜区、世界文化和自然遗产地、引用水源保护区以及其他生态保护红线等环境敏感区中法律法规禁止占用的区域。

（8）码头船舶岸电设施建设选址应根据港口供电系统、码头生产和船舶作业等因素，合理确定系统的建设方案，提高船舶岸电设施的通用性。

（9）码头船舶岸电设施建设选址应满足生产作业要求，并保证生产作业和人员的安全。

（10）码头船舶岸电设施建设选址应满足性能可靠、系统安全和操作方便的要求，并应积极采用新技术。

（11）码头船舶岸电设施建设选址应经济合理，满足生产作业和船舶供电服务的需要，并留有发展余地。

二、设备布置原则

岸电设施由岸电电源进线，经过开关柜分配，再经电缆线路至变压器变压，分配至各岸电箱，各岸电箱低压电缆卷筒对接船舶受电装置。各种设备的平面布置应满足以下要求：

（1）新建船舶岸电设施应根据码头总体要求，科学合理布置。

（2）改建、扩建码头船舶岸电设施应根据原有码头的实际情况，综合考虑总平面布置、水工结构和装卸作业等因素，减少对码头生产作业和安全的影响。

（3）码头前沿船舶岸电接电装置的数量应与码头建设规模、船型和用电容量相适应，每单个泊位至少应布置 1 套岸电接电装置。

各设备布置要求如下：

（1）高压开关柜和变压变频电源的布置应符合下列规定：

1）应靠近负荷中心，进出线方便；

2）应设置在少尘和无腐蚀性气体的场所；

3）不应设置在导电或爆炸尘埃的场所；

4）不应设置在地势低洼和可能积水的场所；

5）不得设在有火灾危险区域的正上方或正下方；

6）高压开关柜和变压变频电源宜设置在室内，其建筑物耐火等级应与港区供配电室同级，并预留扩展空间。

（2）低压上船时，可采用箱式供电方式。

（3）岸电接电装置应设置在码头前沿，宜采用暗装方式埋设，并设置标识。扩建、改建码头可采用明装固定安装方式，且安装位置不应影响生产作业，并应设置安全护栏。

（4）开关柜应具有良好的通风和压力释放条件，如设有百叶窗和其他开口时，要有防止漏、渗水和小动物进入的措施。

（5）基础型钢的安装垂直度、水平度允许偏差，位置偏差及不平行度，基础型钢顶部平面应符合相关要求，基础型钢的接地应不少于两处。

第三章　内河港口岸电系统施工技术

❀ 第一节　箱 式 变 电 站

一、箱式变电站基础

箱式变电站（简称箱变）如图 3-1 所示，其基础施工技术如下：

（1）开挖地基时，如遇垃圾或腐土堆积而成的地面，必须挖到实土，然后回填较好的土质并夯实后，再填三合土或道渣，确保基础稳固。

（2）结构及基础混凝土强度≥C30，钢筋采用 HPB300、HPB335 级钢，基础垫层采用 C15（厚度≥150mm）。

（3）箱变基础应高出地面不少于 0.5m，并满足通风、防水和防小动物进入箱变的密封要求。

图 3-1　箱式变电站

（4）箱变宜设置防护围栏，基础与围栏之间的地面可铺设水泥砖，或者用 C15 混凝土浇筑宽度为 1.2m 的操作走廊。围栏可直接安装在走廊外沿，围栏高度应不小于 1.7m。

（5）基础外露部位若采用防滑的瓷砖或花岗岩等饰面时，其规格、颜色应与箱变及环境相协调。

（6）基坑按设置的集水坑设 2% 排水坡度。集水坑宜敷设管道接入周边的排水系统，否则应配备抽水设备。

（7）所有线管穿混凝土结构处设置防水套管，套管与线管间填充沥青麻丝、防水材料密封。

二、进出线

（1）箱变的 10kV 进线应优先采用电缆，美式箱变的 10kV 进线采用全绝缘、全屏蔽、可插拔式电缆头接至箱式变电站，如图 3-2 所示。

（2）欧式箱变的 10kV 进线应采用电缆终端头接至负荷开关。

（3）箱变的 0.4kV 出线应采用电缆，一般设置 4～6 回。

（4）电缆进入箱变内均应采用抱箍固定，所有的进出线电缆孔应封堵，以防小动物进入造成事故。

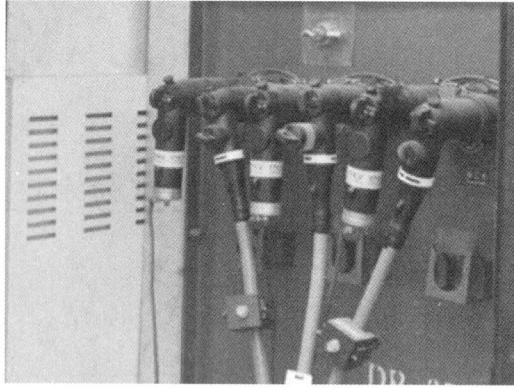

图 3-2　美式箱变插拔式电缆头

（5）电缆敷设通道应满足电缆转弯半径要求。

（6）电缆敷设一般采用穿管敷设方式，并满足防火要求；在柜下方及电缆沟进出口采用密封套管或耐火材料封堵，电缆进出室内外需考虑防水封堵措施。

三、配电设备

（1）箱变高、低压配电柜及电缆分支箱等配电设备内部各部件的型号、规格、尺寸应按设计要求选用，并安装规范、工艺良好，各部件布置应紧凑，如图 3-3 所示。

图 3-3　箱变高、低压配电柜

（2）现场安装后应检查内部设备及各部件是否牢固可靠。确保设备固定螺栓无松动、设备无倾斜，各元件连接导线无松动、脱落等现象。

（3）所有设备的金属外壳均应可靠接地，接地电阻符合规程要求。

四、接地与防雷

（1）箱变的接地网以水平敷设的接地体为主，垂直接地极为辅，联合构成复合式人工接地装置（见图 3-4），接地体长 2.5m，接地体间距按大于 5m 布置。

（2）接地体一般采用镀锌钢，腐蚀性高的地区宜采用铜包钢或者石墨。

（3）接地网埋深在冻土层以下，接地体从冻土层以下垂直打入地中。若不能确定冻土层深度，则接地网埋设深度至少应在地下 0.6m 处。

（4）箱变内所有电气设备外壳及电缆支架、预埋件等均应用－50mm×5mm 热镀锌扁钢与接地网可靠连接；接地连线应与接地极和箱体下面的槽钢焊接，焊接应牢固可靠，凡焊接处均应刷防腐剂；接地体引出地面部分应涂刷黄绿油漆标识，如图 3-4 所示。

（5）接地网建成后需实测总接地电阻值，接地装置的接地电阻应≤4Ω，否则应采用降阻措施，使之达到规程要求。

图 3-4 接地装置

（6）为防止线路侵入的雷电波过电压，箱变 10kV 侧若从电线杆上电缆进线时，需在电杆上装设避雷器。若进线为全电缆时，避雷器宜安装在上级馈线柜内或箱变的高压馈线上。箱变 0.4kV 侧宜在低压柜的母线上安装避雷器。避雷器如图 3-5 所示。

图 3-5 避雷器

五、标志标识

（1）箱变本体上应设置"禁止攀登　高压危险"禁止标志和"当心触电"警示标志；箱变的命名牌宜安装在正面两块标志牌的中间，内容包括 10kV 线路、变压器名称及国家电网标识；安装位置一般选择在箱变的正面（靠近道路侧）和背面。

（2）箱变的混凝土操作平台四周或箱体基础上宜设置 150mm 高的黄黑斜条警示线，斜条宽度 100mm，呈 45°角交替布置。

箱变运行标志标识如图 3-6 所示。

（3）箱变的围栏上应设有"未经许可　不得入内"禁止标志和"止步　高压危险"警示标志，一般安装在箱变围栏的正面和背面上；"未经许可　不得入内"禁止标志应靠近围栏开门处。箱变围栏运行标志标识如图 3-7 所示。

（4）标志牌尺寸为 300mm×240mm，材质可采用不锈钢或铝板；挂设时应左右均匀、上下一致。

图 3-6　箱变运行标志标识

图 3-7　箱变围栏运行标志标识

（5）箱变 0.4kV 侧出线开关上应粘贴命名标志牌，内容包括 0.4kV 线路编号及名称，如图 3-8 所示。

（6）箱变 10kV 进线及 0.4kV 侧出线上应挂设电缆标志牌，内容包括电缆线路电压等级、编号及名称，电缆型号、长度及起止位置，如图 3-9 所示。

（7）箱变低压室门上应设置台区的电气主接线图，内容包括台区 10、0.4kV 电气接线示意图及主要技术参数等，如图 3-10 所示。

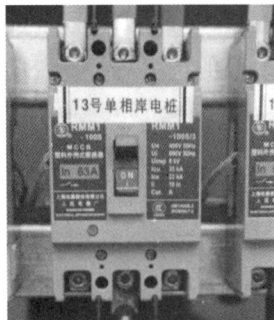

图 3-8　出线开关标志牌　　　图 3-9　电缆标志牌　　　图 3-10　电气主接线图

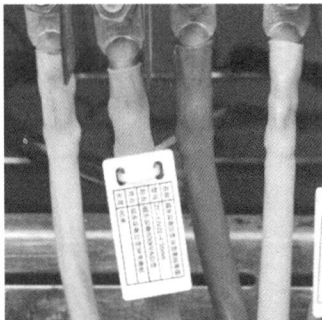

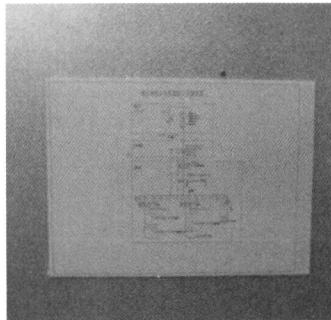

第二节　柱上变压器

一、变压器台基础

（一）电杆分坑

（1）在单杆分坑时，在杆位中心桩设测点，安置仪器。

（2）基坑的中心桩、辅助桩应标出坑口轮廓线。基坑顺线位移不超过设计档距的±3‰，横向位移在50mm以内。

（3）施工时要求坑口边沿1m范围不得堆放余土，超过1.5m深时应有防回落措施。基坑开挖以15m杆为例，深度为2.7m。电杆基础应符合GB 50061《66kV及以下架空电力线路设计规范》的规定。

（二）台架基础

（1）配变台架电杆一般采用等高双杆，根开距离为2.5m。

（2）为防止变台下沉、倾斜，配变台架的电杆应根据实际地形情况，双杆均设置底盘及卡盘。

（3）为方便运行维护与检修，防止台架下杂草丛生，推荐在变压器台架底部采用强度等级C20混凝土浇筑不小于3.5m（双杆左右均分）×4m（变压器前后均分）的操作平台，平台高出地面不少于0.2m。必要时，可在基础平面四边和竖面分别刷上宽度0.2m和0.1m的黄黑色警戒线。柱上变操作平台如图3-11所示。

（4）靠近村落等人口密集区域或有特殊需要时可增设防护围栏，如图3-12所示。围栏高度不少于1.7m；围栏的材质可选用塑钢、塑木、不锈钢等；围栏的颜色应与周边环境相协调，一般可选择白色塑钢，对美观要求较高的地方可选用仿古木色复合材料。

图3-11　柱上变操作平台

图3-12　柱上变防护围栏

（5）防护围栏应设置通道门，门应朝外开启，并能上锁；门应靠着方便通行、操作和检修的一面。

二、10kV 引下线

（一）架空绝缘导线引下

（1）架空绝缘导线引下应采用引线横担固定，15m 电杆设 2 层，12m 电杆设 1 层，10m 杆可直接引接；引线经绝缘子固定，绑扎应正确、牢固，弧度应一致；引线与主线采用并沟线夹连接，每根引线应安装 2 个线夹，并加装绝缘罩。

（2）引线应经装在熔断器横担（变压器正装时称为双杆熔丝具架）上方的柱式绝缘子固定后，再接至熔断器的上桩，连接应紧密可靠。

（3）跌落式熔断器下桩引线应先经装在熔断器横担侧面的柱式绝缘子固定，然后引至装在避雷器横担侧面的柱式绝缘子固定后，再将引线接至变压器高压接线柱，并加装绝缘罩，绝缘罩颜色与线路相色对应。

（4）在两层横担之间的三相导线上装上绝缘穿刺接地线夹，在接地环的下方采用绝缘压接线夹（或弹射楔形或螺栓 C、J 型线夹）T 接出引线接至避雷器。

（5）10kV 架空绝缘导线引下时，变压器正装与侧装引线施工工艺基本相同，只是引线横担、熔断器横担（或双杆熔丝具架）、避雷器横担在电杆上的安装尺寸应根据电杆高度、变压器的装置方式有所调整。横担安装如图 3-13 所示。

图 3-13　横担安装

（6）具体安装尺寸的要求见表 3-1。

表 3-1　　　　　　　　　架空绝缘导线引下变台各横担安装尺寸表　　　　　　　单位：m

变压器装置方式	电杆规格	引线横担 1 距电杆顶部	引线横担 2 距引线横担 1	熔断器横担距上层引线横担	避雷器横担距熔断器横担
正装	15	2.9	1.6	2	0.8
	12	2.2	—	1.6	0.8

续表

变压器装置方式	电杆规格	引线横担1距电杆顶部	引线横担2距引线横担1	熔断器横担距上层引线横担	避雷器横担距熔断器横担
侧装	15	2.9	2	1.6	0.8
	12	2.3m	—	1.5	0.8
	10	—	—	2.2（距杆顶）	0.8

（二）电缆引下

（1）避雷器横担以上部分与 10kV 主线仍采用绝缘导线引接，工艺要求与本节的（一）架空绝缘导线引下相同。

（2）电缆经固定支架固定后接至变压器高压接线柱，并加装绝缘罩，绝缘罩颜色与线路相色相对应。

（3）15m 电杆上下采用 2 块 400mm 电缆固定架，中间使用 2 块 165mm 电缆固定架，12m 杆使用 2 块 400mm 电缆固定架，电缆固定架应安装在一条垂线上，安装应牢固可靠。12m 电杆 10kV 电缆引下如图 3-14 所示。

图 3-14　12m 电杆 10kV 电缆引下

（4）电缆的金属屏蔽及铠装部分应可靠接地。

（5）熔断器横担、避雷器横担、电缆固定架的安装尺寸要求见表 3-2。

表 3-2　　　　10kV 电缆引下变台各横担及电缆固定架安装尺寸表　　　　单位：m

变压器装置方式	电杆规格	熔断器横担距电杆顶部	避雷器横担距熔断器横担	上层电缆固定架距避雷器横担	电缆固定架间距
侧装	15	1.7	0.8	1.0	1.3
	12	1.7	0.8	1.0	1.2

三、台架设备

（一）跌落式熔断器

（1）跌落式熔断器应采用熔丝具安装架固定在横担上，安装应牢固、排列整齐，动静触头灵活可靠、接触紧密良好。

（2）跌落式熔断器邻相间隔距离不应小于 500mm。

（3）安装后跌落式熔断器的熔管轴线与铅垂线夹角应为 15°～30°。

（4）当变压器台架受地形限制时，跌落式熔断器应安装在方便站在地面上操作的一侧。

(5) 跌落式熔断器的安装如图 3-15 所示。

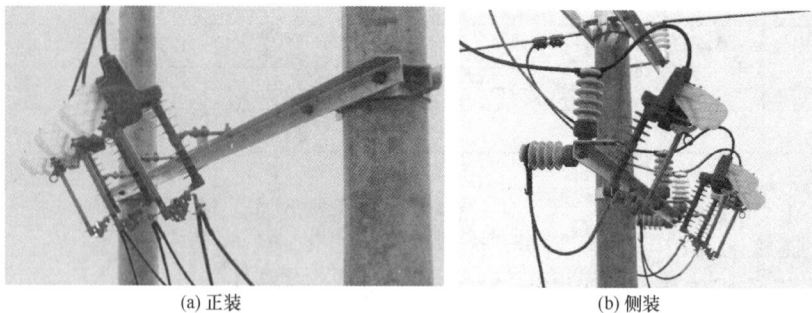

| (a) 正装 | (b) 侧装 |

图 3-15   跌落式熔断器安装

(二) 避雷器

(1) 避雷器应安装牢固、排列整齐，邻相间隔不应小于 500mm。

(2) 当采用导线接地环时，上层熔断器横担及避雷器横担均应装绝缘子，避免挂设接地线时产生向下应力而损坏设备。

(3) 避雷器接地电阻应满足规程要求。

(4) 安装完毕后，应加装绝缘护套。

(5) 避雷器安装如图 3-16 所示。

| (a) 正装 | (b) 侧装 |

图 3-16   避雷器安装

(三) 变压器

(1) 将变压器双杆支持架（即变压器托担）固定在电杆上，安装应水平，倾斜度不大于支架长度的 1/100。

(2) 托担采用抱箍支撑，托担抱箍与杆体贴实，方向与横担垂直，使用双头螺栓加方垫片固定。

(3) 变压器托担中心水平面距地面 3400mm，低压综合配电箱吊装于变压器托担下方，距地高度 2000mm。10m 杆杆型变压器侧装时，变压器托担中心水平面距地面 3200mm，低压综合配电箱底部距地面高度 1800mm。

(4) 变压器出线应使用接线端子连接，安装前应用钢丝刷或细砂纸对接线端子进行清理，涂上导电脂后拧紧加固螺栓，螺栓应加弹簧垫。

（5）配变低压接线柱均应加装绝缘罩，绝缘罩颜色与线路相色相对应。

（6）配变出线可选用绝缘导线或电缆，选用电缆时应采用冷（热）缩型终端头。

（7）变压器正装时：应采用 2 块杆上电缆固定架将绝缘保护管进行固定，固定架应与变压器低压接线桩在同一侧，上固定架安装在电缆弯曲半径下方处，下固定架与低压综合配电箱上沿口对齐，绝缘导线或电缆应与变压器接线桩保持水平。

（8）变压器侧装：当采用绝缘导线出线时，应采用一副变压器侧装托架及低压出线支架，然后将绝缘导线固定在出线支架的蝶式绝缘子上。导线绑扎应正确、牢固，四根导线的弧度应保持整齐、美观。

变压器安装如图 3-17 所示。

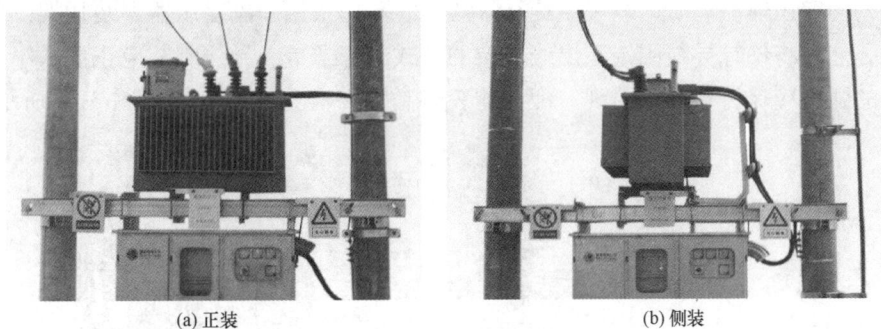

(a) 正装　　　　　　　　　　　　　　　　　(b) 侧装

图 3-17　变压器安装

（四）低压综合配电箱（也称 JP 柜）

（1）低压综合配电箱采用悬挂安装方式，安装时箱体有计量室玻璃窗面宜朝向道路侧或容易观察的一侧。

（2）箱内导线或电缆连接均应使用接线端子，线头均应加热缩护套。

（3）配电箱内设备及各部件应排列整体，安装牢固，接触紧密。一、二次导线规格符合要求，接线正确，连接可靠，工艺美观。

（4）配变终端、采集集中器、联合接线盒等设备应安装在专用模板上。

（5）配电箱进出电缆的管孔处均应采用防火堵料封口，如图 3-18 所示。

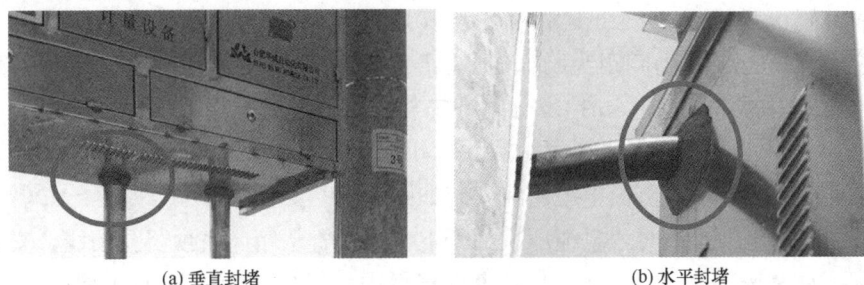

(a) 垂直封堵　　　　　　　　　　　　　　　　(b) 水平封堵

图 3-18　防火堵料封口

四、0.4kV 出线电缆

（一）变压器出线

（1）变压器出线应使用接线端子连接，安装前应用钢丝刷或细砂纸对接线端子进行清理，涂上导电脂后拧紧加固螺栓，螺栓应加弹簧垫。

（2）配变低压接线柱均应加装绝缘罩，绝缘罩颜色与线路相色相对应。

（3）配变出线可选用绝缘导线或电缆，选用电缆时应采用冷（热）缩型终端头。

（4）当变压器正装时，应采用 2 块杆上电缆固定架将绝缘保护管进行固定，固定架应与变压器低压接线桩在同一侧，上固定架安装在电缆弯曲半径下方处，下固定架与低压综合配电箱上沿口对齐，绝缘导线或电缆应与变压器接线桩保持水平。配变正装时0.4kV 低压出线安装如图 3-19 所示。

（5）当变压器侧装时，若采用绝缘导线出线，应采用一副变压器侧装托架及低压出线支架，然后将绝缘导线固定在出线支架的蝶式绝缘子上。导线绑扎应正确、牢固，四根导线的弧度应保持整齐、美观。配变侧装时 0.4kV 低压出线安装如图 3-20 所示。

图 3-19　变压器正装 0.4kV 低压出线安装

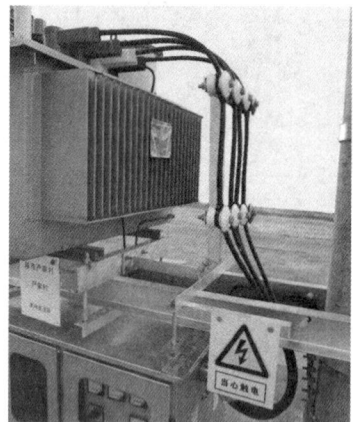

图 3-20　变压器侧装 0.4kV 低压出线安装

（6）若采用电缆出线时，安装工艺同变压器正装出线方式。

（二）低压综合配电箱出线

（1）当侧面电缆出线时，电缆应采用 165mm 杆上电缆固定架固定，固定架应装在低压出线一侧中垂直线上。15m 电杆安装 5 块电缆固定架，自下向上第一块离地面2.3m，第二块与第一块的间距为 1.5m，其余每块之间的间距为 1.4m，上面最后一块与低压出线横担的间距为 0.8m；12m 电杆安装 3 块电缆固定架，安装尺寸可参照 15m电杆。

（2）低压综合配电箱侧面电缆出线安装如图 3-21。

（3）当底部电缆出线时，电缆应采用杆上电缆护管从箱体底预留孔出线。安装时要求保护管下端埋深不小于 0.3m，安装应垂直稳固，保护管上端应伸入配电箱内 30～50mm，并用配套抱箍固定。

低压综合配电箱底部电缆出线安装如图 3-22 所示。

图 3-21　配电箱侧面电缆出线安装

图 3-22　低压综合配电箱底部电缆出线安装

五、接地装置

（一）接地体

（1）接地体宜采用垂直敷设的角钢、圆钢、钢管或水平敷设的圆钢、扁钢。接地体由角钢垂直接地极和 40mm×40mm×4mm 扁钢或大于 ϕ16mm 圆钢水平接地极相配合，焊接成环形接地网，边长一般不小于 5m。焊接搭接长度应符合规程要求，扁钢为宽度的 2 倍，且至少有 3 个棱边焊接，圆钢（或圆钢与扁钢）为直径的 6 倍，焊接后应在焊痕外 100mm 内做防腐处理。

（2）接地体的埋设深度应不小于 0.6m，且接地体不应与地下燃气管、送水管等接触，间距应符合规程要求。接地体埋设如图 3-23 所示。

（3）接地体扁钢（圆钢）引出地面一般不少于 3m，露出地面部分应喷涂黄绿相间的油漆，黄绿油漆宽度为 100mm，并应沿变台电杆内侧用不锈钢扎带固定。

图 3-23　接地体埋设

（4）依据 DL/T 5220《10kV 及以下架空配电线路设计技术规程》规定：配电变压器的防雷装置应结合地区运行经验确定。防雷装置的位置应尽量靠近变压器，其接地线应与变压器二次侧中性点以及金属外壳相连并接地，即"三位一体"。

（二）接地引线

（1）接地引线应采用截面积不小于 35mm² 铜芯绝缘导线或钢绞线。

（2）接地引线安装应美观，布线时应横平竖直，可沿构件内侧隐蔽布置。

（3）引线连接采用接线端子，经镀锌螺栓与扁铁连接，并加防松弹簧垫，接触应紧密，固定牢靠。扁铁上一个孔只允许接一根引线。接地引线安装如图 3-24 所示。

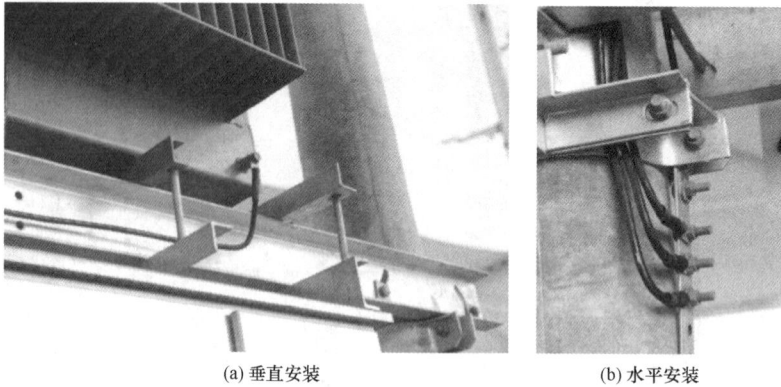

(a) 垂直安装　　　　　　　　(b) 水平安装

图 3-24　接地引线安装

（三）接地方式及接地电阻

（1）当采用直接接地保护（TT）系统时，除变压器低压侧中性点直接接地外，中性线不得再行接地，且应保持与相线同等的绝缘水平。TT 系统必须实施剩余电流分级保护，配置原则应符合 Q/GDW 11020《农村低压电网剩余电流动作保护器配置导则》要求。

（2）采用三相四线制保护接地（TN-C）系统时，为了保证在故障时保护中性线的电位尽可能保持接近大地电位，保护中性线应均匀分配重复接地。应在干线和分干线、终端处重复接地。

（3）总容量为 100kVA 以上的变压器，其接地装置的接地电阻不应大于 4Ω，每个重复接地装置的接地电阻不应大于 10Ω；总容量为 100kVA 及以下的变压器，其接地装置的接地电阻不应大于 10Ω，每个重复接地装置的接地电阻不应大于 30Ω，且重复接地不应少于 3 处。

六、标志标识

（一）变台命名与运行标识

图 3-25　变台运行标识安装

（1）应装设尺寸为 300mm×240mm（不带框），白底红色黑体字的台区命名牌 1 块，可安装在变压器托担上。

（2）应装设尺寸为 300mm×240mm"禁止攀登，高压危险"禁止标志牌 1 块和"当心触电"警示牌 1 块，可安装在台架两侧电杆上或变压器托担上。

变台运行标识安装如图 3-25 所示。

（二）接地标识

明敷接地垂直段离地面 1.5m 范围
内采用黄绿漆标识，黄绿漆的间隔间距以 100mm 为宜，如图 3-26 所示。

（三）主接线图与运行资料

（1）配电设备运行记录应置于配电箱背面的专用资料盒内。

（2）台区主接线图用 A3 纸彩色打印并塑封后，可粘贴在配电箱背面内侧门上。
台区运行资料布置如图 3-27 所示。

图 3-26　接地标识　　　　　　　　图 3-27　台区运行资料布置

⚓ 第三节　电　缆　线　路

一、电缆管道

（1）电缆排管内径应不小于电缆外径的 1.5 倍，排管长度超过 30m 时不应小于 2.5 倍，且最小不宜小于 75mm。管道内部应光滑，连接时管孔应对准，接缝严密，不得有地下水和泥浆渗入。

（2）电缆管的埋设深度，自管子顶部至地面的距离，一般地区应不小于 0.7m，人行道不小于 0.5m，室内不小于 0.2m。

（3）为了便于敷设和检查电缆，在直线段电缆牵引张力限制的间距处（包含转弯、分支、接头、管路坡度较大的地方）应设置电缆井。

（4）管孔数应按电缆条数敷设，并适当预留备用。采用电缆排管时最少不少于 2 孔，且预留 1 孔作为应急备用；同时应考虑通信网络线缆的管孔。

（5）排管地基应坚实、平整，不得有沉陷。不符合要求时，应对地基进行处理，以免地基下沉损坏电缆。

（6）排管敷设后，管路顶部土壤覆盖厚度不宜小于 0.5m；纵向排水坡度不宜小于 0.2%。

（7）管路纵向连接处的弯曲度应符合牵引电缆时不致损伤的要求。

（8）电缆排管在敷设电缆前应进行疏通，清除杂物。

（9）排管内部应无积水，且无杂物堵塞。穿电缆时不得损伤护层，可采用无腐蚀性的润滑剂。

（10）管孔端口应有防止损伤电缆的处理。

二、电缆井

（1）电缆井的尺寸应符合设计要求，一般 10kV 线路电缆井的净尺寸为 1.0m×1.2m×1.2m，0.4kV 线路电缆井的净尺寸为 1.0m×0.6m×1.0m，盖板采用 C15 及以上混凝土浇筑，并应满足施工和运行要求。

（2）电缆井应与地面持平，井盖施工后应不妨碍交通。

三、电缆敷设

（1）电缆敷设前应检查电缆有无机械损伤，封端是否良好。

（2）电缆敷设时应防止电缆扭伤和过分弯曲，弯曲半径应不小于电缆直径的 15 倍（无铠装为 20 倍）；电缆在电缆井内应留有裕度。

（3）机械敷设时，允许牵引强度为：

1）牵引头部时，铜芯电缆 70N/mm^2，铝芯电缆为 40N/mm^2；

2）钢丝网套牵引时，铅护套电缆时为 10N/mm^2，铝护套电缆为 40N/mm^2，塑料护套电缆为 7N/mm^2。

（4）电缆引出地面高度在 2m 以下的部分应穿镀锌钢管保护；电缆引入及引出箱式变电站、电缆井、电缆分支箱及穿入保护管时，出入口和管口应采用防火堵料封堵。

图 3-28　电缆上杆安装

（5）电缆上杆时应采用抱箍固定，固定点间隔距离不应大于 2m，间距应尽量一致，排列整齐，上方固定点应设在电缆终端头的下部。电缆终端头搭接应可靠，必要时可加装过渡排。电缆上杆安装如图 3-28 所示。

（6）电缆屏蔽层及铠装层应单独引出并可靠接地。接地线应采用铜绞线或镀锡铜编织线与电缆屏蔽层的连接，其截面积不应小于 25mm^2。对于铜线屏蔽的电缆，应用原铜线绞合后引出作为接地线。接地电阻应满足设计要求。

（7）电缆线路上应有牢固、清晰的标志牌，标明线路名称、长度等内容。

四、电缆终端

（1）10kV 电缆终端头一般采用冷缩方式制作，0.4kV 电缆终端头一般采用热缩方式制作。

（2）电缆终端头制作时，10kV 电缆绝缘层的切断面与电缆轴向夹角约 45°角。

（3）分支手套应尽可能向电缆分叉根部拉近；分支手套、延长护管等应与电缆接触紧密；多段护套搭接时，上部的绝缘管应套在下部绝缘管的外部，搭接长度应符合要求，最少不得小于10mm。

（4）选用浇铸式接线端子时，应采用压接钳压接，工艺符合规范要求，压接应在两模以上。

（5）电缆终端头制作安装时应避开潮湿天气，且尽可能缩短绝缘暴露的时间。如在安装过程中遇雨雾等潮湿天气应及时停止作业，并做好可靠的防潮措施。电缆终端头如图3-29所示。

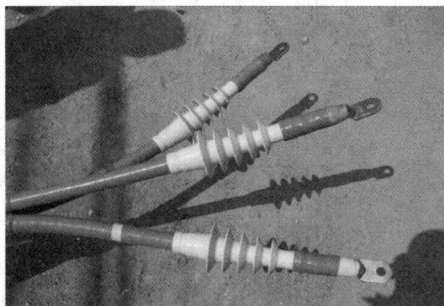

图3-29　电缆终端头

五、电缆分支箱

（一）电缆分支箱基础

（1）电缆分支箱应设置在不妨碍交通、不易碰撞、不受洪水淹没的地段。

图3-30　电缆分支箱

（2）基础尺寸应符合设计要求，底部应挖到实土，并根据土质填入碎石等，厚度不小于300mm；基础四周可用砖块砌筑，箱体基座及井圈采用C25钢筋混凝土浇筑，内壁及井圈应用水泥浆抹面，基座应高于地面不小于200mm。

（二）箱体安装

（1）电缆分支箱箱体应垂直安装在预埋在混凝土基座中的螺栓上，安装应牢固可靠。

（2）采用金属电缆分支箱时，外壳应可靠接地，接地体应符合规程要求，接地引下线宜采用绝缘铜芯导线，截面积不小于16mm²。接地电阻不应大于4Ω。

电缆分支箱如图3-30所示。

六、标志标识

（一）电缆线路

（1）电缆线路在电缆终端头、电缆穿管两端、电缆井内等地方应装设标志牌，标志牌上应注明线路电压等级，线路编号及名称，电缆型号、规格、长度及起止地点，标志牌的字迹应清晰且不易脱落。

（2）电缆终端头应采用相应颜色的胶布或套管进行相位标识。

（3）电缆应在拐弯、终端和进出建筑物及直线段每隔10～20m处设置明显的标示桩（砖），露出地面部分顺线路方向的两面或顶部应标上红色"电符"，顶部"电符"的两个尖端应与电缆走向一致。不能设置电缆标示桩的路面等，可采用不锈钢材质的电缆标志牌，用膨胀螺栓及玻璃胶固定在路面上。

（4）电缆井盖板上应设置"电符"或"电缆"字样。

（5）电缆线路标识如图 3-31 所示。

图 3-31　电缆线路标识

（二）电缆分支箱

（1）电缆分支箱的命名牌及"当心触电"安全标志牌可挂设或粘贴在分支箱正面中间位置，标牌尺寸宜为 200mm×160mm。

（2）电缆分支箱必要时可设置防护围栏，围栏尺寸应根据现场设备而定，材质可采用不锈钢或塑钢等；围栏四周应挂设"未经许可　不得入内"和"当心触电"警示牌各 1块，尺寸为 300mm×240mm。

（3）电缆分支箱内每台设备应有唯一标志牌，标牌的基本形式是矩形，白底，边框、编号文字为黑体字，内容包括线路编号及名称等。

（4）电缆分支箱的标志牌材质可采用 PVC 或铝板。

电缆分支箱标识标志标识安装如图 3-32 所示。

图 3-32　电缆分支箱标志标识安装

⚓ 第四节　接　电　装　置

一、接电箱基础

（1）岸电接电箱基座应设置在平整的地面上，周边环境应满足防汛、防撞、防火、防小动物、通风良好等要求。

（2）基座一般采用 C25 钢筋混凝土现浇，基础中间应设有电缆进线孔，并用预埋电缆管与电缆井连通。

（3）基础浇筑深度应考虑现场土质条件，但至少不应小于 0.6m，保证基础能承受箱体的荷载及稳固性要求。

（4）箱体混凝土基座应高出地面不小于 200mm，基座浇筑时应预埋 M12 镀锌地脚螺栓并对螺纹部分做好保护，尺寸应与接电箱安装底座相匹配，地脚螺栓露出长度不少于 40mm。安装基座尺寸如图 3-33 所示。

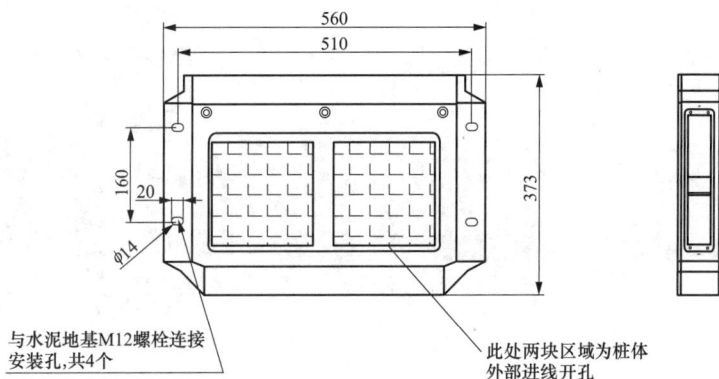

图 3-33　安装基座尺寸

（5）基座浇筑完成保养后，露出地面部分应用水泥砂浆粉刷，表面平整、光滑，基座内空部分应进行防潮处理。

（6）基座可与电缆井并列布置，四周应用 C15 混凝土浇筑宽度不少于 0.8m 的操作通道，如图 3-34 所示。有条件时，基座与操作通道可采用花岗岩等装饰材料贴面。

二、接电箱箱体

（1）岸电接电箱安装前，应检查外观无机械损伤、变形和油漆脱落，柜面平整，附件齐全，柜门开闭灵活，液晶显示屏、指示灯完好，柜体铭牌、标识齐全清晰，厂家提供的接线图、说明书等完整。

（2）接电箱与基座采用预埋的地脚螺栓固定，调校平稳后，螺母应齐全并拧紧，使箱体平直牢固。

（3）接电箱箱体金属外壳（包括柜门）应可靠接地，接地电阻应符合设计要求。

接电箱箱体如图 3-35 所示。

图 3-34　基座与电缆井

(a) 交流岸电桩　　　　　　　　(b) 直流充电机

图 3-35　接电箱箱体

三、箱内电气连接

（1）进线电缆从基础的预留管孔进入接电箱体内，长度应满足足够的弯曲半径。

（2）进线电缆和通信线应采用电缆夹或尼龙扎带在接电箱体的底座上进行固定，电缆余量抽回存放于电缆井内，通信线引入箱内的长度应满足接线要求。

（3）进线电缆应使用热缩终端头，与断路器连接可靠，搭接面应清洁平整、接触紧密。

（4）通信线接线前，应先嵌入右侧线槽内，再按厂家提供的图纸接线，连接应紧密可靠。

（5）进线电缆和通信线连接后，应在箱体进线孔处用防火堵料进行封堵。

（6）接电箱内的各种电气设备及连接线已由制造商在工厂内完成，安装时应检查设备及连接线有无松动、脱落等现象。

（7）安装完成后应清理所有运输和包装用的材料，清除柜内及周边杂物及工器具，并确认基座的固定和密封，设备内部器件的紧固是否可靠，电气连接和配线是否正确和完整，连接是否牢靠。

（8）关闭柜门前，确认柜内所有开关部件是否闭合，柜门接地线连接是否可靠。

（9）检查液晶屏外观有无明显刮蹭痕迹，操作按钮、状态显示是否完好与正确。

（10）岸电接电箱内电气安装工艺如图 3-36 所示。

图 3-36　岸电接电箱内电气安装工艺

四、标志标识

（1）接电箱的正面应有箱体名称和出厂铭牌，字迹应清晰完整、不褪色、不脱落。

（2）接电箱内部各种开关、仪表、信号灯等应有相应的文字符号作为标志，并与接线图上的文字符号一致，字迹清晰易辨、位置合理、便于观察。

（3）接电箱安装后，在箱体的上部正面和背面应标注圆形编号牌，字体及颜色应清晰醒目。

（4）箱体前后应标有醒目易见的"注意事项和使用流程"及微信、支付宝二维码等，字体大小应便于使用者读取或以卡通形式提示。

（5）接电箱朝向船舶停靠的面，下方应张贴红色醒目的"严禁系缆"警示标识。

（6）接电箱两侧的电缆插座保护盖上应标识电缆接线方式，交流岸电桩的插座下方标有"严禁带电断开连接器！供电结束，请先刷卡断电。"等提醒及当心触电的标识。

（7）直流充电机在左侧通风百叶窗上方和右侧通风百叶窗下方应标有"严禁工作中开门"的提醒标识。

（8）直流充电机在箱体两侧和背面底部均应标有"高压危险"的警示标识。

（9）在接电箱的混凝土基础上或箱体底座上应涂刷或粘贴黄黑斜条警示标识。

（10）岸电接电箱标志标识的安装工艺应统一规范，其中交流岸电桩的标志标识安装工艺如图 3-37 所示，直流充电机标志标识安装工艺如图 3-38 所示。

图 3-37　交流岸电桩标志标识安装工艺

图 3-38　直流充电机标志标识安装工艺

✵ 第五节　计　量　装　置

港口岸电的电能计量装置安装应符合 DL/T 825《电能计量装置安装接线规则》的规定：

（1）岸电系统的电能计量一般采用三相四线制电量采集装置。

（2）计量装置的连接导线应采用单股铜芯线；三相导线应作相色区分，U、V、W、N 相的相色分别为黄、绿、红、黑（或蓝色）；线径应符合规定，电流回路的导线截面积为 4mm^2，电压回路的导线截面积为 2.5mm^2；计量装置的连接导线应布局合理，走线做到横平竖直，导线应用尼龙扎带集束处理。

（3）低压大容量岸电系统宜采用经电流互感器接入的接线方式，电流互感器二次绕组与电能表之间宜采用 6 线连接，经联合接线盒接线，做到极性正确、接线可靠、工艺美观。

（4）低压小容量岸电系统宜采用直接接入式电能表，做到接线正确、连接可靠、工艺美观。

计量装置安装工艺如图 3-39 所示。

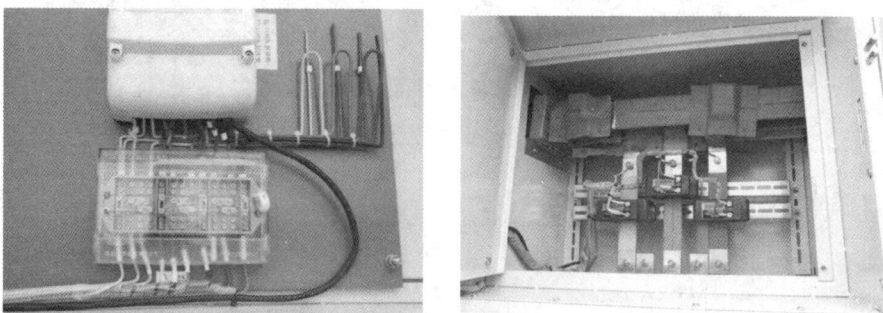

图 3-39　计量装置安装工艺

⚓ 第六节　通　信　设　备

（1）港口岸电的通信系统应支持通用的工业通信接口和协议。

（2）应提供多组通信接口与岸电桩数据集中器、监控后台等通信终端进行可靠通信。

（3）岸电通信装置的电路板上应设置有 CPU，中层电路板上设置有开入/开出接口、RS485 通信接口、RS232 通信接口、RS485 收发器、RS232 收发器、光耦芯片、光纤接收装置、光纤发送装置、继电器和第一电源模块。

（4）岸电通信装置可实现岸电桩内运行状态量的数据采集；通过 RS485 收发器实现岸电桩内电能表信息的数据采集，通过 RS232 通信接口实现用户刷卡消费的数据采集，通过 RS485 通信接口经过串口联网模块或直接经光纤与港口船舶岸基供电运营服务平台进行数据通信，实现用户对港内岸电桩运行和消费状态实时实地进行监测，实时性高，有助于运维人员及时掌握岸电桩设备运行及故障状态，及时排除安全隐患。

（5）港口岸电通信线一般采用带屏蔽阻燃的 RS485 线，外径 12.3mm 左右，黑色护套，可用于干扰严重、鼠害频繁以及有防雷、防爆要求的场所。通信线接线前，应先嵌入右侧线槽内，再按厂家提供的图纸接线，连接应紧密可靠。RS485 通信线走线应通过 PVC 管穿线，总线不应与电源线一同走线，防止干扰，从而导致 RS485 总线信号不稳定，导致通信不稳定。

通信设备安装及布线工艺如图 3-40 所示。

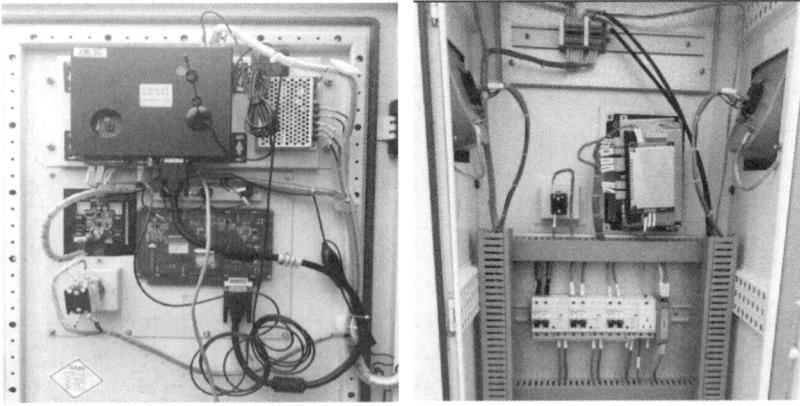

图 3-40　通信设备安装及布线工艺

第四章 内河港口岸电系统验收要求

⚓ 第一节 验收一般原则

一、验收顺序

内河港口岸电系统验收工作是整个岸电系统建设中的重要环节，对保证岸电系统工程质量具有重要意义。验收工作应认真规范，按验收顺序进行，具体顺序如下。

1. 文档资料验收

文档资料验收主要包括岸电系统工程设计方案、装置设备技术资料、材料及设备台账、竣工图纸、设备安装运维手册等。

2. 接地装置验收

接地装置验收包括接地装置施工图和接线图、接地装置地下隐蔽部分的安装记录，对电气设备和防雷设施进行接地试验检测并做好对接地装置测量结果的记录等。

3. 港口岸电设备验收

港口岸电设备验收项目主要包括港口岸电电源验收与船岸连接和接口设备验收。

4. 监控系统及运营服务平台验收

监控系统及运营服务平台验收主要包括监控系统验收、运营服务平台验收。

5. 电能计量验收

电能计量验收主要包括表计验收、互感器验收、计量柜验收。

6. 港口岸电系统整体验收

港口岸电系统整体验收包括高压港口岸电系统及低压港口岸电系统的验收。

7. 验收结论和整改要求

对岸电系统验收结果做出评估结论，验收未通过应制定整改措施和整改期限，评估认定通过可认为验收通过。

8. 出具验收报告

岸电系统验收工作完成后，应编写完整的验收报告，验收组组长及验收组成员须在验收报告的验收人员一栏签字确认。

二、验收准备工作

为了保证验收工作顺利进行及验收工作质量，应做好必要的验收准备工作。

1. 编制验收大纲

验收大纲应全面、详细，具有针对性和可操作性。

2. 提交验收申请文件

验收申请文件一般由施工单位向业主单位提出。

3. 建立验收工作组

验收工作组可包含业主及建设、运行、设计、施工、监理、安检等单位人员。验收工作组由组长、副组长及成员若干人组成。验收工作组成员名单样例见表4-1。

表 4-1 验收工作组成员名单样例

验收工作组	姓名	单位	职务/职称	签字
组长				
副组长				
副组长				
成员				
成员				
成员				
成员				
成员				

三、验收注意事项

（1）设备通电验收前，应进行各回路的绝缘检查。

（2）绝缘电阻测量时，应采用与被测量设备相应电压等级的绝缘电阻表，应有防止弱电设备及电子元件被损坏的措施。

（3）验收试验除现场测试外，也可查验有试验资质的第三方机构出具的报告。

（4）验收试验完成后，验收工作组应确认系统遗留问题，并发出整改通知书及限期整改意见，对整改情况进行跟踪和反馈，再次组织验收，直至验收合格。

（5）验收结束后应出具验收报告。验收报告内容包括项目概况、验收依据、验收内容、验收记录、验收结论等。港口岸电系统验收报告模板如图4-1所示。

（6）港口岸电系统验收内容及数据记录应详实完整。港口岸电系统验收结果汇总见表4-2。

港口岸电系统验收报告

一、项目概况
　　……

二、验收依据
　　……

三、验收内容
　　……

四、验收记录
　　……

五、验收结论
　　……

图 4-1　验收报告模板

表 4-2　　　　　　　　　　港口岸电系统验收结果汇总表

验 收 内 容		验收标准	验收记录	验收结论
文档验收	港口岸电系统设计方案			
	港口岸电系统工作原理、结构图、接线图、电气图			
	港口岸电电源、岸电接电箱、电缆管理系统 等部件的出厂合格证、检测报告			
	港口岸电系统设备、监控、运维、计量等说明书			
	港口岸电系统安装、调试记录			
	港口岸电系统安装、运行、维护手册			
	港口岸电系统主要部件更换方案			
	港口岸电系统备品备件目录			
	港口岸电系统备件交接清单			
	验收申请书			
接地装置验收				

验收内容			验收标准	验收记录	验收结论
港口岸电系统验收	港口岸电电源验收	结构外观验收			
		绝缘电阻验收			
		保护验收 过载保护验收			
		短路保护验收			
		出缺相保护验收			
		欠电压保护验收			
		过电压保护验收			
		过欠频保护验收			
		逆功率保护验收			
		等电位连接保护验收			
		紧急关闭保护验收			
		输出特性验收 输出电压验收			
		输出频率验收			
		输出电压波形失真度验收			
		效率验收			
		相序验收			
		三相电压不平衡度验收			
港口岸电系统验收	港口岸电电源验收	通信验收			
	船岸连接和接口设备验收	岸电接电箱外壳防护等级验收			
		岸电接电箱绝缘性能验收			
监控系统及运营服务平台验收	监控系统验收	信息处理功能验收			
		人机界面验收			
		安全操作功能验收			
		统计分析功能验收			
		自诊断和恢复功能验收			
		电量计费功能验收			
		接口功能验收			
	运营服务平台	客户服务功能验收			
		在线监控功能验收			
		运营管理功能验收			
		缺陷管理功能验收			
		资产管理功能验收			
		统计分析功能验收			
		系统管理功能验收			
		外部接口验收			
		移动服务验收			

续表

	验收内容	验收标准	验收记录	验收结论
电能计量验收	表计验收			
	互感器验收			
	计量柜验收			
港口岸电系统整体验收	目测检查			
	高压开关柜的工频测试和电缆电压测试			
	绝缘电阻测试			
	接地电阻测试			
	保护装置功能测试			
	互锁系统功能测试			
	控制设备功能测试			
	相序测试			
	电缆管理系统功能测试			
	联动试验			

港口岸电系统验收试验结论：

⚓ 第二节　验收试验条件

一、测试人员

对岸电系统验收测试人员的一般要求如下：

（1）测试人员应由熟悉本部分并有测试经验的电气专业人员组成。

（2）测试过程中测试人员不宜变动。

二、供电电源

1. 公用电网谐波电压

公共电网谐波电压（相电压）限值应符合表 4-3 的规定。

表 4-3　　　　　　　　公共电网谐波电压（相电压）

电网标称电压 (kV)	电压总谐波畸变率 (%)	各次谐波电压含有率（%）	
		奇次	偶次
0.38	5.0	4.0	2.0
10（20）	4.0	3.2	1.6

2. 三相电压不平衡度

（1）电力系统公共连接点电压不平衡度限值为：电网正常运行时，负序电压不平衡度不超过 2%，短时不得超过 4%；低压系统零序电压限值暂不规定，但各相电压必须满足要求，即 380V 三相供电电压偏差为标称电压的 ±7%，220V 单相供电电压偏差为标称电压的 +7%、−10%。

（2）接于公共连接点的每个用户引起该点负序电压不平衡度允许值一般为 1.3%，短时不超过 2.6%。根据连接点的负荷状况以及邻近发电机、继电保护和自动装置安全运行要求，该允许值可做适当变动，但必须满足第（1）条的规定。

3. 频率偏差

电力系统正常运行条件下频率偏差限值为 ±0.2Hz，当系统容量较小时，偏差限值可以放宽到 ±0.5Hz。冲击负荷引起的系统频率变化为 ±0.2Hz，根据冲击负荷性质和大小以及系统的条件也可以适当变动，但应保证近区电力网、发电机组和用户的安全、稳定运行以及正常供电。

4. 输入电压波动

（1）20kV 及以下三相供电电压偏差为标称电压的 ±7%。

（2）220V 单相供电电压偏差为标称电压的 +7%，−10%。

（3）对供电点短路容量较小、供电距离较长以及对供电电压偏差有特球要求的用户，由供用电双方协议确定。

三、安全防护

（1）带电设施的外围应设置临时遮栏，悬挂"未经许可　不得入内"标识牌。

（2）高压港口岸电设备外围应悬挂"止步　高压危险"标识牌，低压港口岸电设备外围应悬挂"当心触电"标识牌。

（3）测试地点应悬挂"在此测试"标示牌，并将相邻运行设备用遮栏进行防护，以免误碰带电设备；遮栏与带电设备间应有足够的安全距离。

（4）验收人员应戴安全帽，穿工作服、绝缘鞋。

⚓ 第三节　验收内容及方法

一、文档资料验收

文档资料对岸电系统的建设、运行、维护起着十分重要的作用，文档资料验收是整个岸电系统工程验收工作的一个重要环节，主要包括以下内容：

（1）港口岸电系统设计方案；

（2）港口岸电系统结构图、接线图、电气图等图纸；

（3）港口岸电电源、岸电接电箱、电缆管理系统、监控系统、运营服务平台、电能计量设备等部件的出厂合格证、检测报告；

（4）港口岸电系统设备、监控、运维、计量等说明书；

（5）港口岸电系统安装、调试等记录文件；

（6）港口岸电系统安装、运行、维护手册等说明文件；

（7）港口岸电系统主要部件更换方案；

（8）港口岸电系统备品备件目录；

（9）港口岸电系统备件交接清单；

（10）港口岸电系统设计变更单；

（11）验收申请书。

二、接地装置验收

（一）验收内容

接地装置验收包括接地装置施工图和接线图、接地装置地下隐蔽部分的安装记录，对电气设备和防雷设施的接地装置进行试验，试验项目应包括接地网电气完整性测试、接地阻抗验收。

（二）验收方法与要求

1. 接地网电气完整性测试

测试连接于同一接地网的各相邻设备接地线之间的电气导通情况，以直流电阻值表示。直流电阻值不应大于 0.2Ω。

2. 接地阻抗

岸电接地装置的接地阻抗值应符合设计要求，当设计没有规定时应符合表 4-4 的要求。

接地阻抗试验方法可参照 DL 475《接地装置工频特性参数测试导则》的规定，试验时必须排除与接地网连接的架空地线、电缆的影响。接地阻抗测量工作应尽量在干燥季节时进行，不应在雨后立即测量。具体测量时可采用测量工频接地电阻的三极法或四极法进行。

表 4-4　　　　　　　　　　　　　　　接地阻抗规定值

接地网类型	要　　求
有效接地系统	$Z \leqslant 2000/I$ 或 $Z \leqslant 0.5\Omega$（当 $I > 4000A$ 时） 式中：I 是经接地装置流入地中的短路电流，A；Z 是考虑季节变化的最大接地阻抗，Ω。 注：当接地阻抗不符合以上要求时，可通过技术经济比较增大接地阻抗，但不得大于 5Ω，同时应结合地面电位测量对接地装置综合分析。为防止转移电位引起的危害，应采取隔离措施
非有效接地系统	（1）当接地网与 1kV 及以下电压等级设备共用接地时，接地阻抗 $Z \leqslant 120/I$。 （2）当接地网仅用于 1kV 以上设备时，接地阻抗 $Z \leqslant 250/I$。 （3）上述两种情况下，接地阻抗一般不得大于 10Ω
1kV 以下电力设备	使用同一接地装置的所有这类电力设备，当总容量不小于 100kVA 时，接地阻抗不宜大于 4Ω，如总容量小于 100kVA 时，则接地阻抗允许大于 4Ω，但不大于 10Ω

接地网类型	要　　求
独立微波站	接地阻抗不宜大于5Ω
独立避雷针	接地阻抗不宜大于10Ω。注：当与接地网连在一起时可不单独测量
发电厂烟囱附近的吸风机及该处装设的集中接地装置	接地阻抗不宜大于10Ω。 注：当与接地网连在一起时可不单独测量
独立的燃油、易爆气体储罐及其管道	接地阻抗不宜大于30Ω（无独立避雷针保护的露天储罐不应超过10Ω）
露天配电装置的集中接地装置及独立避雷针（线）	接地阻抗不宜大于10Ω
有架空地线的线路杆塔	当杆塔高度在40m以下时，按下列要求；当杆塔高度不低于40m时，则取下列值的50%，但当土壤电阻率大于2000Ω·m时，接地阻抗难以达到15Ω时，可放宽至20Ω。 土壤电阻率不大于500Ω·m时，接地阻抗10Ω； 土壤电阻率在500～1000Ω·m时，接地阻抗20Ω； 土壤电阻率在1000～2000Ω·m时，接地阻抗25Ω； 土壤电阻率大于2000Ω·m时，接地阻抗30Ω
与架空线直接连接的旋转电机进线段上避雷器	不宜大于3Ω
无架空地线的线路杆塔	（1）非有效接地系统的钢筋混凝土杆、金属杆：接地阻抗不宜大于30Ω。 （2）中性点不接地的低压电力网线路的钢筋混凝土杆、金属杆：接地阻抗不宜大于50Ω。 （3）低压进户线绝缘子铁脚的接地阻抗：接地阻抗不宜大于30Ω

注　扩建接地网应在与原接地网连接后进行测试。

三、港口岸电设备验收

（一）验收内容

港口岸电设备验收项目包括港口岸电电源验收与船岸连接和接口设备验收。港口岸电电源验收项目包括输出特性验收、保护验收、结构外观验收、绝缘性能验收以及通信功能验收；船岸连接和接口设备验收项目包括岸电接电箱外壳防护等级验收及岸电接电箱绝缘电阻验收。

（二）验收方法与要求

1. 港口岸电电源验收

港口岸电电源验收主要包括输出特性验收、保护验收、结构外观验收、绝缘性能验收及通信功能验收五个部分。

（1）输出特性验收。港口岸电电源验收应进行输出特性检测，包括额定输出容量检测、输出电压检测、输出频率检测、输出电压波形失真度检测、频率检测、相序检测、三相不平衡度检测、过载能力检测、瞬态电压变化范围检测、瞬态频率变化范围检测、电压波动恢复时间检测、频率波动恢复时间检测。

1）额定输出容量的检测与评判。额定输出容量的检测方法应规范，具体方法如下：

（a）港口岸电电源处于稳态运行，调节等效负载至100％额定负载（功率因数0.8滞后），测量并记录输出的有功功率、无功功率、视在功率。

（b）连续改变等效负载的功率因数（0.6～1滞后），测量并记录输出有功功率、无功功率、视在功率。

检测结果应符合如下规定：

（a）低压小容量岸电电源的系统额定容量输出等级宜采用20、40、80、100kVA系列。

（b）低压大容量岸电电源的输出容量应满足船舶用电设备正常运行有功功率及无功功率的要求，系统额定输出容量等级宜采用变压器常用容量等级，宜采用系列范围为：100、200、400、500、630、800、1000kVA。

（c）高压岸电电源的输出容量应满足船舶用电设备正常运行的有功功率及无功功率的要求，系统额定输出容量等级宜采用系列范围为：1000、1600、2000、3000、5000、8000、12 000、16 000、18 000kVA。

2）输出电压的检测与评判。港口岸电电源处于稳态运行，负载功率因数0.8（滞后），调整等效负载分别为空载和额定输出电流的25％、50％、75％、100％，测量并记录稳态输出电压值。选取偏离额定值最大的电压值，以额定输出电压为基准，电压偏差计算公式如下：

$$U_{dev} = \frac{U_{dmax} - U_N}{U_N} \tag{4-1}$$

式中　U_{dev}——电压偏差；

　　　U_{dmax}——偏离额定值最大电压值，kV；

　　　U_N——额定电压，kV。

检测结果应符合如下要求：

（a）低压小容量电源输出电压检测结果应符合规定：小容量电源的供电模式为交流单相或交流三相，额定电压单相为220V、三相为380V，其允许偏差不应超过额定输出电压的±15％。

（b）低压大容量电源输出电压检测结果应符合规定：岸电电源处于稳态运行时，输出电压为额定值，其允许偏差不应超过额定输出电压的±5％。

（c）高压电源输出电压检测结果应符合规定：空载条件下，高压岸电电源供电连接点处输出电压不应超过标称电压的106％；额定负载条件下，高压岸电电源供电连接点处输出电压应在标称电压的97％～105％范围内。

3）输出频率的检测与评判。进行输出频率检测时，应测量并记录频率的稳态值，选取偏离额定值最大的频率值，以额定输出频率为基准，频率偏差计算公式如下：

$$f_{dev} = \frac{f_{dmax} - f_N}{f_N} \tag{4-2}$$

式中　f_{dev}——频率偏差，Hz；

　　　f_{dmax}——偏离额定值最大的频率值，Hz；

　　　f_N——额定频率，Hz。

检测结果评判应符合如下要求：

（a）低压小容量电源输出频率检测结果应符合规定：小容量电源的额定输出频率为50Hz，其允许偏差不应超过额定输出频率的±0.5%。

（b）低压大容量电源输出频率检测结果应符合规定：岸电电源处于稳态运行时，额定输出频率为50Hz或60Hz，其允许偏差不应超过额定输出频率的±0.5%。

（c）高压电源输出频率检测结果应符合规定：高压岸电电源处于稳态运行时，额定输出频率为50Hz或60Hz，其允许偏差不应超过额定输出频率的±0.5%。

4）输出电压波形失真度的检测与评判。输出电压波形失真度检测适用于低压大容量电源及高压电源。其检测方法是在港口岸电电源处于空载状态下，测量其输出电压波形失真度。

检测结果应符合如下要求：

（a）低压大容量电源输出电压波形失真度检测结果应符合规定：岸电电源处于稳态运行时，其输出电压波形失真度不应超过5%。

（b）高压电源输出电压波形失真度检测结果应符合规定：高压岸电电源空载时，单次谐波电压波形失真度不应超过3%，总谐波失真度不应超过5%。

5）效率的检测与评判。效率检测适用于低压大容量电源及高压电源。港口岸电电源处于稳态运行，测量并记录额定负载（功率因数为0.8滞后）下的输入有功功率、输出有功功率。效率计算公式如下：

$$\rho = \frac{P_{out}}{P_{in}} \times 100\% \tag{4-3}$$

式中　ρ——效率；

　　　P_{out}——输出有功功率，kW；

　　　P_{in}——输入有功功率，kW。

检测结果应符合如下要求：

（a）低压大容量电源效率检测结果应符合规定：在额定工况下，岸电电源的效率不应低于95%（不包含输入输出变压器）。

（b）高压电源效率检测结果应符合规定：高压岸电电源的效率不应低于95%（不包含变压器）。

6）相序的检测与评判。相序检测适用于高压电源，其方法是用相序表等专用工具进行相序检测。在港口岸电高压电源处于空载状态时，测量并记录输出端相序。

高压电源相序检测结果应符合规定：在高压岸电电源向船舶送电之前，电源连接点（岸电插座、岸电箱接口处）电压相序应为 L1-L2-L3 或 A-B-C 或 R-S-T。

7）三相电压不平衡度的检测与评判。三相电压不平衡度检测适用于低压大容量电源及高压电源，其检测方法是测量并记录三相电压不平衡度。

检测结果应符合如下要求：

（a）低压大容量电源三相电压不平衡度检测结果应符合规定：岸电电源处于稳态运行时，其输出电压三相不平衡度不应超过 3%。

（b）高压电源三相电压不平衡度检测结果应符合规定：高压岸电电源处于稳态运行时，其输出电压三相不平衡度不应超过 3%。

8）过载能力的检测与评判。过载能力检测适用于低压大容量电源及高压电源，其检测方法如下：

（a）低压大容量电源处于稳态运行，分别调节其输出电流达到额定输出电流的 120% 和 150%，分别持续 600s 和 30s。

（b）高压电源处于稳态运行，调节其输出电流达到额定输出电流的 110%，持续 600s。

检测结果应符合如下要求：

（a）低压大容量电源过载能力检测结果应符合规定：在规定的输入条件下，其输出电流等于额定输出电流的 120% 时，持续运行时间不应少于 10min；输出电流等于额定输出电流的 150% 时，持续运行时间不应少于 30s。

（b）高压电源过载能力检测结果应符合规定：高压岸电电源输出电流等于额定输出电流的 110% 时，持续运行时间不应少于 10min。

9）瞬态电压变化范围的检测与评判。瞬态电压变化范围检测适用于低压大容量电源及高压电源，应在稳定运行状态，输出端接功率因数为 0.8（滞后）的额定负载，用电压测量装置检测其输出电压，突然断开负载，同时记录偏离额定值最大时的电压时，测量偏离额定值最大的瞬态电压值。瞬态电压变化率计算公式如下：

$$U_{cr} = \frac{U_{cmax} - U_b}{U_N} \tag{4-4}$$

式中　U_{cr}——瞬态电压变化率；

　　　U_{cmax}——偏离额定值最大值的电压值，kV；

　　　U_b——变化前的电压值，kV；

　　　U_N——额定电压值，kV。

检测结果应符合如下要求：

（a）低压大容量电源瞬态电压变化范围检测结果应符合规定：岸电电源处于稳态运行时，输出端功率因数为 0.8（滞后）的额定负载突加或突减，其瞬态电压变化范围不应超过额定输出电压的 ±15%。

（b）高压电源瞬态电压变化范围检测结果应符合规定：高压岸电电源处于稳态运行时，输出端功率因数为 0.8（滞后）的额定负载突加或突减，其瞬态电压变化范围不应超过额定输出电压的 ±15%。

10）瞬态频率变化范围的检测与评判。瞬态频率变化范围检测适用于低压大容量电源及高压电源。进行瞬态频率变化范围检测时，测量偏离额定频率最大的瞬态输出频率值。瞬态频率变化率计算公式如下：

$$f_{cr} = \frac{f_{cmax} - f_b}{f_N} \tag{4-5}$$

式中　　f_{cr}——瞬态频率变化率；

　　　　f_{cmax}——偏离额定值最大的频率值，Hz；

　　　　f_b——变化前的频率值，Hz；

　　　　f_N——额定频率值，Hz。

检测结果应符合如下要求：

（a）低压大容量电源瞬态频率变化范围检测结果应符合规定：岸电电源处于稳态运行时，输出端（功率因数为0.8滞后）的额定负载突加或突减，其瞬态频率偏差不应超过±0.5Hz。

（b）高压电源瞬态频率变化范围检测结果应符合规定：高压岸电电源处于稳态运行时，输出端功率因数为0.8（滞后）的额定负载突加或突减，其瞬态频率偏差不应超过±0.5Hz。

11）电压波动恢复时间的检测与评判。电压波动恢复时间检测适用于低压大容量电源及高压电源，在进行电压波动恢复时间试验时，测量其恢复时间。

检测结果应符合如下要求：

（a）低压大容量电源电压波动恢复时间检测结果应符合规定：岸电电源在规定输入条件下，负载（功率因数为0.8滞后）电流在允许范围（0%～100%额定电流）内突加或突减引起输出电压发生变化，从电压变化开始至稳定到额定输出电压允许偏差范围内时间不应超过1.5s。

（b）高压电源电压波动恢复时间检测结果应符合规定：高压岸电电源在规定的输入条件下，负载（功率因数为0.8滞后）电流在允许范围（0%～100%额定电流）内突加或突减引起输出电压波动，恢复时间不应大于1.5s。

12）频率波动恢复时间的检测与评判。频率波动恢复时间检测适用于低压大容量电源及高压电源，检测时应按规定要求检测，测量并记录频率波动恢复时间。

检测结果应符合如下要求：

（a）低压大容量电源频率波动恢复时间检测结果应符合规定：岸电电源在规定输入条件下，负载（功率因数为0.8滞后）电流在允许范围（0%～100%额定电流）内突加或突减引起输出频率发生变化，从频率变化开始至稳定到额定输出频率允许偏差范围内时间不应超过1.5s。

（b）高压电源频率波动恢复时间检测结果应符合规定：高压岸电电源在规定的输入条件下，负载（功率因数为0.8滞后）电流在允许范围（0%～100%额定电流）内突加或突减引起输出频率发生变化，恢复时间不应大于1.5s。

13）功率因数的检测与评判。功率因数检测适用于低压大容量电源及高压电源。港口岸电电源处于稳态运行，调整等效负载分别为额定输出电流的50%、75%、100%，测量并记录功率因数值。

检测结果应符合如下要求：

(a) 低压大容量电源功率因数检测结果应符合规定：岸电电源应采取功率因数校正措施，在额定工况下，岸电电源功率因数不应小于 0.95。

(b) 高压电源功率因数检测结果应符合规定：高压岸电电源输出侧功率因数不应小于 0.95。

(2) 保护验收。港口岸电电源验收应进行保护检测，包括过载保护检测、短路保护检测、输出缺相保护检测、过/欠电压保护检测、过/欠频保护检测、逆功率保护检测、等电位连接保护检测、紧急停止保护检测。

1) 过载保护的检测与评判。过载保护检测适用于低压大容量电源及高压电源。检测方法如下：

(a) 低压大容量电源处于稳态运行，调节其输出电流达到额定输出电流值的 105％，600s 后记录告警信息；调节输出电流达到额定输出电流值的 150％，30s 后记录告警信息和故障显示信息。

(b) 高压电源处于稳态运行，调节其输出电流达到额定输出电流值的 105％，记录告警信息；调节输出电流达到额定输出电流值的 110％，600s 后记录告警信息和故障显示信息。

检测结果应符合如下要求：

(a) 低压大容量电源过载保护检测结果应符合规定：岸电电源输出达到额定输出电流的 105％时，应发出报警信号；输出电流超过 150％额定电流，且持续时间大于 30s 时，应发出告警信号、切断输出，并保持故障显示。

(b) 高压电源过载保护检测结果应符合规定：高压岸电电源输出电流达到额定值的 105％时，应发出报警信号，并保持故障显示；输出电流超过额定值的 110％，且持续时间大于 600s 时，应切断输出电源。

2) 短路保护的检测与评判。短路保护检测适用于低压大容量电源及高压电源。其检测方法是：岸电装置处在稳态运行状态，调节输出电流至大于或等于额定输出电流的 120％，试验持续时间超过 1min 时，记录保护动作、告警信息、故障显示信息。

检测结果应符合如下要求：

(a) 低压大容量电源短路保护检测结果应符合规定：输出负载短路时，岸电电源应立即自动关闭输出，同时发出报警信号。

(b) 高压电源短路保护检测结果应符合规定：输出负载短路时，高压岸电电源应立即自动关闭输出，同时发出报警信号。

3) 输出缺相保护的检测与评判。输出缺相保护检测适用于低压大容量电源及高压电源。检测方法是：岸电装置处于稳态运行状态，模拟产生输出缺相故障，记录保护动作、告警信息、故障显示信息。

检测结果应符合如下要求：

(a) 低压大容量电源输出缺相保护检测结果应符合规定：岸电电源输出缺相时，应发出告警信号、切断输出，并保持故障显示。

(b) 高压电源输出缺相保护检测结果应符合规定：高压岸电电源输出缺相时，应发出告警信号、切断输出，并保持故障显示。

4）过/欠电压保护的检测与评判。过/欠电压保护检测适用于低压大容量电源及高压电源。检测方法是：港口岸电电源处于稳态运行，调节输出电压达到额定输出电压值的50％～85％之间和50％以下，测量保护动作时间，记录告警信息和故障显示信息。

检测结果应符合如下要求：

（a）低压大容量电源过/欠电压保护检测结果应符合规定：当岸电电源输出电压超出规定的电压范围时，应在相应的时间内发出告警信号、切断输出，停止向负荷供电，并保持故障显示。此要求适用于多相系统中的任何一相。输出电压过/欠电压保护范围见表4-5。

表 4-5   输出电压过/欠电压保护动作要求

输出电压	保护时间要求
$U < 50\%U_N$	0.2s 内切断输出
$50\%U_N \leqslant U < 85\%U_N$	2s 内切断输出
$85\%U_N \leqslant U < 110\%U_N$	连续运行
$110\%U_N \leqslant U < 135\%U_N$	2s 内切断输出
$U \geqslant 135\%U_N$	0.2s 内切断输出

注　U 为岸电电源输出电压；U_N 为岸电电源输出额定电压。

（b）高压电源过/欠电压保护检测结果应符合规定：高压岸电电源输出电压超出规定的电压范围时，应在规定的时间内发出告警信号，切断输出，停止向负荷供电，并保持故障显示。此要求适用于多相系统中的任何一相。过/欠电压保护范围及动作时间见表4-5。

5）过/欠频保护的检测与评判。过/欠频保护检测适用于低压大容量电源及高压电源。检测方法是：港口岸电电源处于稳态运行，调节输出频率达到额定输出频率值的99.5％和100.5％，1.5s后记录保护动作、告警信息和故障显示信息。

检测结果应符合如下要求：

（a）低压大容量电源过/欠频保护检测结果应符合规定：岸电电源输出电压频率超出允许偏差范围时，且持续时间大于1.5s时，应发出告警信号，切断输出，并保持故障显示。

（b）高压电源过/欠频保护检测结果应符合规定：高压岸电电源输出电压频率超出允许偏差范围，且持续时间大于1.5s时，应发出告警信号、切断输出，并保持故障显示。

6）逆功率保护的检测与评判。逆功率保护检测适用于低压大容量电源及高压电源。检测方法是：港口岸电电源处于稳定运行状态，调节岸电电源输出功率指令值，模拟功率流向岸电电源的现象，记录保护动作、告警信息和故障显示信息。

检测结果应符合如下要求：

（a）低压大容量电源逆功率保护检测结果应符合规定：当船舶发电机向岸电电源输

出侧逆送功率时，应发出告警信号；当逆送值超过逆功率保护定值时，应切断输出，并保持故障显示。

（b）高压电源逆功率保护检测结果应符合规定：当船舶侧向高压岸电电源输出侧逆送功率时，应发出告警信号、切断输出（保护定值应依据设备特性确定），并保持故障显示。

7）等电位连接保护的检测与评判。等电位连接保护检测适用于低压大容量电源及高压电源。检测方法是：港口岸电系统处于空载运行状态，模拟等电位连接失效，记录保护动作、告警信息和故障显示信息。

检测结果应符合规定，港口岸电系统应断开输出侧断路器，停止输出并发告警信息。

8）紧急停止保护的检测与评判。紧急停止保护的检测方法是：在输入端模拟故障信号，记录保护动作、告警信息和故障显示信息。

检测结果应符合如下要求：

（a）低压小容量岸电电源紧急停止保护检测结果应符合规定：非绝缘材料外壳应可靠接地；应具备带负载可分合电路；应安装漏电保护装置；应安装过电流保护装置；应具备防雷击保护功能；应具备急停开关。

（b）低压大容量岸电电源紧急停止保护检测结果应符合规定：系统应安装急停装置；当发生电击、起火或爆炸时应能切断岸电电源设备和船舶供电系统之间的联系；急停装置应装备在岸电电源供电设备上，并具备防止误操作的措施。

（c）高压岸电电源急停止保护检测结果应符合规定：应在高压岸电电源侧配置相应的紧急停止回路，使供电侧和受电侧联锁关闭；紧急停止回路配置应符合安全可靠性要求；急停装置应装备在岸电电源供电设备上，并具备防止误操作的措施。

（3）结构外观验收。

1）检测方法。结构外观检测可通过目测来进行。

2）检测结果评判。低压小容量岸电电源装置结构外观检测结果应符合如下规定：

（a）可采用落地式或壁挂式等安装方法。

（b）应采用全封闭结构，密封性好，整体无外露锐角。表面涂覆色泽层应均匀光洁，不起泡、不龟裂、不脱落。

（c）外壳应采用抗冲击力强、抗老化的材质。

低压大容量岸电电源装置结构外观检测结果应符合如下规定：

（a）产品表面不应有明显的凹痕、划伤、裂缝、变形等现象，表面涂覆层不应起泡、龟裂和脱落，金属零件不应有锈蚀及其他机械损伤。

（b）说明功能的文字符号及功能显示应正确、清晰、端正，并符合有关标准的规定。

（c）开关类元件操作应方便、灵活可靠，零部件紧固无松动，接插件插接牢固，电接触良好。

（d）移动式电源箱体外壳宜采用标准集装箱式结构，外部尺寸应符合 GB/T 1413

《系列 1 集装箱 分类、尺寸和额定质量》的规定。

（e）箱体应坚实，顶部不应有易于积水的凹陷。

（f）箱体内部的空间应能满足设备安装工艺布置、操作和维护的安全规范距离要求。所有门及通风口的防护等级应与箱体相同。

高压岸电电源装置结构外观检测结果应符合如下规定：

（a）产品表面不应有明显的凹痕、划伤、裂缝、变形等现象，表面涂覆层不应起泡、龟裂和脱落，金属零件不应有锈蚀及其他机械损伤。

（b）说明功能的文字符号及功能显示应正确、清晰、端正，并符合有关标准的规定。

（c）设备装置结构应符合如下规定：

a）开关类元件操作应方便、灵活可靠；

b）汇流排应有绝缘措施；

c）零部件紧固无松动，接插件插接牢固，电接触良好；

d）电源箱体外壳宜采用标准集装箱式结构，外部尺寸应符合 GB/T 1413 的规定；

e）箱体应坚实，顶部不应有易于积水的凹陷；

f）箱体内部的空间应能满足设备安装工艺布置、操作和维护的安全规范距离要求。所有门及通风口的防护等级应与箱体相同。

（4）绝缘性能验收。

1）检测方法。

（a）低压小容量电源绝缘性能的检测方法。用绝缘材料制造外壳的成套装置，应进行一次附加介电试验。在外壳的表面包覆一层能覆盖所有开孔和接缝的金属箔，交流试验电压施加于这层金属箔与成套设备内靠近开孔和接缝的相互连接的带电部分以及外露可导电部分之间。此附加试验的试验电压应等于规定值（介电试验电压）的 1.5 倍。外部操作手柄由绝缘材料制作或包覆的情况下，应在带电部分与金属箔包裹的整个手柄表面之间施加 1.5 倍的试验电压进行介电试验。在测试期间，框架不应接地或连接到其他电路。

（b）低压大容量电源绝缘性能的检测方法。绝缘试验的目的在于检查变流器的绝缘状况，为了防止不必要的破坏，在试验之前可先用绝缘电阻表测量受试部分的绝缘电阻。在环境温度 $20℃\pm5℃$ 和相对湿度为 90% 的情况下，其数值应不小于 $1M\Omega$，但所测绝缘电阻只作为耐压试验的参考，不作考核。

（c）高压电源绝缘性能的检测方法。对不同的电压范围，选用不同类型的绝缘试验。设备的类型也会影响试验类型的选择。在操作过电压下设备的绝缘性能用操作冲击试验检验；在雷电过电压下设备的绝缘性能用雷电冲击试验检验；设备的相间绝缘性能用操作冲击试验检验。

2）检测结果评判。

（a）低压小容量电源输入回路对地、输出回路对地、输入对输出之间绝缘电阻不应小于 $10M\Omega$。

(b) 低压大容量港口岸电电源绝缘强度检测结果应满足下列要求：岸电电源的输入/输出电路对地应能承受 GB 311.1《绝缘配合 第 1 部分：定义、原则和规则》和 GB 7251.1《低压成套开关设备和控制设备 第 1 部分：总则》规定的标准绝缘水平所定义的额定耐受电压；岸电电源各带电电路之间以及带电部件、导电部件、接地部件之间的电气间隙和爬电距离应符合 GB 311.1 和 GB 7251.1 的规定。

(c) 高压电源绝缘强度检测结果应符合下列要求：高压岸电电源输入端至变频装置前端的绝缘强度应符合 GB 311.1 的规定；高压岸电电源变频装置至输出端的绝缘强度应符合 GB/T 3859.1 的规定。

(5) 通信功能验收。

1) 检测方法。通信功能通过模拟发送和接收指令来进行检测。

2) 检测结果评判。低压小容量电源通信功能检测结果应满足如下要求：

(a) 应具备与上级监控系统之间数据通信的能力，能够采集小容量电源的运行数据并实时上传，同时具备接收控制调节指令的能力。

(b) 宜具备以太网、CAN、RS485 通信接口，应符合电力系统二次系统安全防护规定。

(c) 与监控系统的通信协议宜符合 Q/GDW 11469.6《监控系统与岸基设备通信规约》的规定。

(d) 系统内部通信宜采用 CAN、RS485 等方式，宜支持 CAN2.0B、MODBUS-TCP 等通信协议。

低压大容量电源通信功能检测结果应满足下列要求：

(a) 系统监控宜具备以太网、CAN、RS485 通信接口，需符合电力系统二次系统安全防护规定。

(b) 系统与监控站级通信宜采用以太网通信接口，宜支持 IEC 60870-5-104、MODBUS-TCP、IEC 61850、PROFIBUS-DP 等通信协议。

(c) 系统内部通信宜采用 CAN、RS485 等方式，宜支持 CAN2.0B、MODBUS-TCP 等通信协议。

(d) 系统与船舶之间的通信宜采用以太网通信方式，宜支持 IEC 60870-5-104、MODBUS-TCP 等通信协议。若不具备以太网通信条件，可采用无线电等通信方式进行通信。

高压电源通信功能检测结果应符合下列规定：高压岸电电源与港口岸电监控系统通信之间宜具备以太网、CAN 或 RS485 等通信接口，通信协议宜符合 Q/GDW 11469.6《监控系统与岸基设备通信规约》的规定。

高压岸电电源与船舶的通信要求如下：

(a) 与电缆管理系统、岸电箱及船舶系统的通信接口宜采用以太网，通信介质宜采用光纤。

(b) 通信内容宜包含电压、电流等模拟量信息以及保护与开关状态信息。

2. 船岸连接和接口设备验收

船岸连接和接口设备的验收内容，包括岸电接电箱外壳防护等级验收及岸电接电箱绝缘电阻验收两部分。

（1）岸电接电箱外壳防护等级验收。

1）验收方法。进行低压设备的试验时，在试具与壳内危险部件之间串接一个指示灯，并供以 40～50V 的安全特低电压。如果危险带电部件表面有一层漆膜或氧化层或有其他类似方法的保护，则试验时包覆一层金属箔，并与正常工作时带电的部件作电联结。

2）验收结果评判。低压岸电接电箱在码头前沿固定安装时，防护等级不应低于 IP56，且接电箱周围宜预留不小于 10m 的安全距离。高压岸电接电箱应具备接地保护和防雷措施。

（2）岸电接电箱绝缘电阻验收。

1）检测方法。

（a）低压小容量电源绝缘性能的检测方法。用绝缘材料制造外壳的成套装置，应进行一次附加介电试验。在外壳的表面包覆一层能覆盖所有开孔和接缝的金属箔，交流试验电压施加于这层金属箔与成套设备内靠近开孔和接缝的相互连接的带电部分以及外露可导电部分之间。此附加试验的试验电压应等于规定值（介电试验电压）的 1.5 倍。外部操作手柄由绝缘材料制作或包覆的情况下，应在带电部分与金属箔包裹的整个手柄表面之间施加 1.5 倍的试验电压进行介电试验。在此测试期间，框架不应接地或连接到其他电路。

（b）低压大容量电源绝缘性能的检测方法。绝缘试验的目的在于检查变流器的绝缘状况，为了防止不必要的破坏，在试验之前，可先用绝缘电阻表测量受试部分的绝缘电阻。在环境温度 20℃（±5℃）和相对湿度为 90％ 的情况下，其数值应不小于 1MΩ，但所测绝缘电阻只作为耐压试验的参考，不作考核。

（c）高压电源绝缘性能的检测方法。对不同的电压范围，选用不同类型的绝缘试验。设备的类型也会影响试验类型的选择。在操作过电压下设备的绝缘性能用操作冲击试验检验。在雷电过电压下设备的绝缘性能用雷电冲击试验检验。设备的相间绝缘性能用操作冲击试验检验。

试验电压应符合表 4-6 的规定。

表 4-6　　　　　　　　　　　　绝缘电阻测试电压　　　　　　　　　　单位：kV

试验项目	额定电压				
	11	6.6	0.44	0.38	0.22
绝缘电阻测试电压	DC1	DC1	DC0.5	DC0.5	DC0.5

2）检测结果评判。

（a）低压小容量电源绝缘性能检测结果应符合规定：低压小容量电源输入回路对地、输出回路对地、输入对输出之间绝缘电阻不应小于 10MΩ。

（b）低压大容量港口岸电电源绝缘强度检测结果应满足下列要求：岸电电源的输

入/输出电路对地应能承受 GB 311.1 和 GB 7251.1 规定的标准绝缘水平所定义的额定耐受电压；岸电电源各带电电路之间以及带电部件、导电部件、接地部件之间的电气间隙和爬电距离应符合 GB 311.1 和 GB 7251.1 的规定。

(c) 高压电源绝缘强度检测结果应符合下列要求：高压岸电电源输入端至变频装置前端的绝缘强度应符合 GB 311.1 的规定；高压岸电电源变频装置至输出端的绝缘强度应符合 GB/T 3859.1 的规定。

四、监控系统及运营服务平台验收

（一）验收内容

监控系统及运营服务平台验收包括监控系统验收和运营服务平台验收。其中监控系统验收项目包括信息处理功能验收、人机界面功能验收、安全操作功能验收、统计分析功能验收、自诊断和自恢复功能验收、电量计费功能验收以及接口功能验收；运营服务平台验收项目包括客户服务功能验收、在线监控功能验收、运营管理功能验收、缺陷管理功能验收、资产管理功能验收、统计分析功能验收、系统管理功能验收、外部接口功能验收以及移动服务功能验收。

（二）验收方法与要求

1. 监控系统验收

（1）信息处理功能验收。

1）检测方法。检测时调用监控系统信息处理功能，查看下列信息处理功能模块的显示及记录：

（a）声光报警和画面显示方式功能。

（b）设备保护动作信息、故障信息收集功能。

（c）包含港口岸电设备运行信息及监控系统自身运行状态信息的报警信息。

（d）报警信息的可视化及音响效果。

（e）报警信息的内容。

（f）报警信息事件顺序记录功能、生成事件记录报告功能。

2）检测结果及要求。信息处理功能应符合如下要求：

（a）考虑控系统设备维护安全性和应用方便性，宜采用图模库一体化设计。

（b）可根据信息分级处理划分的信息紧急程度，配置不同的声光报警和面面显示方式。

（c）可根据所辖港口岸电高低压开关柜、变频装置、变压器、岸电接电箱等设备的保护动作信息、故障信息、报警信息等进行设备故障排除。

（d）报警处理可分类型、分级别、分区域进行。一般报警类型包括保护信息、故障信息、越限信息等类型；报警级别包括严重告警、重要告警、一般告警、提示信息等。

（e）报警信息应具备可视化及音响效果。报警信息记录应包含报警时间、报警对象、报警类型、重要程度等信息。

（f）报警信息应具备事件顺序记录，并能够生成事件记录报告。

（2）人机界面功能验收。

1）检测方法。检测时调用人机界面，查看下列功能模块的显示及记录：

（a）运行监视和遥控遥调操作。

（b）系统参数设置。

（c）设备参数、历史数值以及各项定值的查看。

（d）利用人机界面进行报警，确认报警点的退出/恢复。

（e）利用人机界面实现画面、图表和曲线的编辑和打印。

2）检测结果及要求。人机界面功能符合如下要求：

（a）可通过人机界面实现对各港口岸电设备的运行监视和遥控操作。

（b）应能按要求对系统配置参数、设备参数、定值参数、模拟量取值参数等进行设置，具备按一定权限对设备参数、模拟量限值及开关量状态进行修改的功能并予以记录。

（c）应能够监视港口岸电主接线图、保护定值和高低压开关柜，变压器、变频装置、岸电接电箱等设备参数。

（d）应能利用人机界面进行消音、清闪烁、置牌等报警处理，确认报警点的退出/恢复。

（e）应提供交互式操作管理及趋势曲线展示等功能，且能利用人机界面实现画面、图表和曲线的编辑和打印。

（3）安全操作功能验收。

1）检测方法。检测时进入监控系统，调用安全操作功能，查看下列安全操作功能的显示及记录：

（a）区分控制责任区的功能。

（b）口令和校验机制功能。

（c）分码头、分电压等级、分人、分组控制不同的港口岸电设备的功能。

（d）防误闭锁功能。

（e）记录各项操作的内容和时间功能。

2）检测结果及要求。安全操作功能符合如下要求：

（a）应具备对所港口岸电高低压开关柜、变频装置等设备通过预置、执行两步进行遥控等操作功能。

（b）应具备按管理职责区分控制责任区的功能，各责任区管理应具备有效的口令和校验机制确保运行的安全。

（c）系统可具备分码头、分电压等级、分人、分组控制不同的港口岸电设备操作功能。

（d）监控系统应具备检修、事故、异常、置牌等状态防误闭锁功能。

（e）监控系统应能够记录通控、置牌、复位等各项操作的内容和时间。

（4）统计分析功能验收。

1）检测方法。可通过调用统计分析功能，查看下列功能模块的显示及记录来进行：

（a）各港口岸电电源电气量、设备参数进行统计计算功能。

（b）生成不同格式的生产运行报表功能。

（c）打印输出生产运行报表功能。

（d）编辑、修改、定义、增加、删除生产运行报表的功能。

2）检测结果及要求。统计分析功能符合如下要求：

（a）可对所采集的岸电电源的各种电气量和设备参数数据进行统计计算，如岸电使用率、岸供电电量、电压合格率等。

（b）可对各港口岸电变频装置、高低压开关柜、岸电接电箱、电缆管理系统等主要设备的运行状况进行统计分析。

（c）可利用港口岸电系统运行的遥测数据、遥信数据，生成日报、周报、月报等不同格式的生产运行报表，并能够打印输出。

（d）生产运行报表可编辑、修改、定义、增加和删除。

（5）自诊断和自恢复功能验收。

1）检测方法。可通过调用自诊断和自恢复功能，查看下列功能模块的显示及记录来进行：

（a）系统在线诊断功能。

（b）冗余配置自动切换功能。

2）检测结果及要求。自诊断和自恢复功能符合如下要求：

（a）应具有系统在线诊断能力。发现系统运行异常时，应予以报警和记录。

（b）冗余配置的设备应具有自动切换功能。

（c）与港口岸电设备的数据通信宜采用双通道热备用，实现两路互为备用，自动切换。

（6）电量计费功能验收。

1）检测方法。检测方法可通过采用模拟负载，查看电量计费功能来进行。

2）检测结果及要求。电量计费功能符合以下要求：

（a）电能量采集和计量管理模块应能够采集所辖港口岸电的计量表、考核表的电能量信息。

（b）应具备电价管理功能，能够分时、分期、分电压等级、分用电量设置不同电价信息。

（c）应能够根据采集的电能量信息和电价信息，计算并统计港口岸电服务计价收费情况。

（7）接口功能验收。

1）检测方法。检测方法可通过查看监控系统与外部接口数据操作响应是否正确来进行。

2）检测结果及要求。接口功能符合以下要求：

（a）监控系统应能与运营服务平台通信，通信规约应符合《平台与监控系统通信规约》的规定。

（b）独立设置的港口岸电监控系统应能与港口电力监控系统通信，通信规约可采用国家电网公司系统《平台与监控系统通信规约》的规定。

(c) 港口岸电监控系统与港口电力监控系统之间通信规约可采用国家电网公司系统《平台与监控系统通信规约》的规定。

监控系统的系统容量取决于监控系统的模式及所辖的港口岸电设备数量,应符合以下要求:

(a) 根据港口岸电建设规划,应保留相应裕量。

(b) 监控系统所辖港口岸电的数字输入量(DI),模拟量输入量(AI)以及监控系统端所定义的分画面、报表等数量均应进行优化,避免冗余信息。

(c) 所采集的历史数据采样间隔可人工设定,最小间隔可达到1min。

(d) 监控系统应至少能够存储3年的历史数据(一般按5min间隔)、日报、月报、年报等数据。

2. 运营服务平台验收

(1) 客户服务功能验收。

1) 检测方法。可通过调用运营服务平台客户服务功能,查看下列功能模块的显示及记录来进行:

(a) 受理客户服务请求功能。

(b) 客户服务请求跟踪、督办功能。

(c) 客户回访功能。

2) 检测结果及要求。客户服务功能满足如下要求:

(a) 可包括开户管理、变更管理、销户管理、合同管理等应用。

(b) 可通过现场服务、营业厅、呼叫中心、客服网站、自助终端等服务渠道,统一受理客户合同管理、岸电业务、费用支付、业务咨询、信息查询等服务请求。

(c) 可对有关服务请求进行跟踪、督办,进行服务质量监督。

(d) 具备客户回访管理功能,了解客户对港口岸电服务的满意程度,形成闭环管理。

(2) 在线监控功能验收。

1) 检测方法。通过调用运营服务平台在线监控功能模块,查看下列功能模块的显示及记录来进行:

(a) 显示港口岸电设备实时状态功能。

(b) 查询港口岸电设备实时状态、历史状态功能。

(c) 故障信息实时报警功能。

(d) 报警信息查询功能。

(e) 控制类报文下发功能。

2) 检测结果及要求。在线监控功能满足如下要求:

(a) 在线监控功能应符合在线监控功能要求。

(b) 可包括实时状态、状态分析、故障分析、故障统计等应用。

(c) 服务平台与监控系统的通信规约宜符合国家电网公司系统《运营服务平台》

要求。

（d）可实现对港口岸电系统高低压柜、变频电源设备、变压器、岸电接电箱、电缆管理系统的在线监控，实时显示所辖范围港口岸电设备的实时状态。

（e）可对各种实时状态和历史状态进行查询。

（f）可实时处理所辖范围各岸电设备的故障信息，实时展示并报警，并可根据岸电设备的故障时间、故障类型和处理状态等进行信息查询。

（g）控制类报文下发应采取安全防护措施，安全防护措施应满足要求。

（3）运营管理功能验收。

1）检测方法。通过调用运营服务平台运营管理功能，查看下列功能模块的显示及记录来进行：

（a）港口岸电供电记录的管理功能。

（b）港口岸电电价管理功能。

2）检测结果及要求。运营管理功能满足如下要求：

（a）应具备港口岸电供电记录管理、计量管理业务应用功能，并符合国家电网公司系统的相关要求。

（b）可包括岸电电价管理、计费管理、费用分析、岸电计算管理的业务功能。

（c）港口岸电供电记录应包括客户信息、岸电设备信息、岸电设备供电运行信息等。

（d）可根据港口岸电供电记录及电价信息，对港口岸电供电费用进行统计分析。

（4）缺陷管理功能验收。

1）检测方法。通过调用运营服务平台缺陷管理功能，查看下列功能模块的显示及记录来进行：

（a）设备故障登记。

（b）设备故障处理。

（c）设备报废。

2）检测结果及要求。缺陷管理功能满足如下要求：

（a）缺陷管理功能应包括设备故障登记、设备故障处理、设备报废等。

（b）缺陷管理功能应符合运行维护的相关要求。

（c）缺陷处理过程宜采用移动作业方式，通过移动终端实时上送。

（5）资产管理功能验收。

1）检测方法。通过调用运营服务平台资产管理功能，查看下列功能模块的显示及记录来进行：

（a）设备登记。

（b）设备查询。

（c）设备台账管理。

2）检测结果及要求。资产管理功能满足如下要求：

（a）资产管理应包括设备登记、设备查询、设备台账管理等应用。

（b）资产管理的范围应符合 Q/GDW 11467.1《港口岸电系统建设规范 第1部分：设计导则》的设计范围要求。

（c）应对港口岸电系统高低压柜、变频电源设备、变压器、岸电接电箱、电缆管理系统等岸电设备状态转变的各个业务环节进行管理。

（d）应对资产全生命周期状态进行跟踪管理。

（6）统计分析功能验收。

1）检测方法。通过调用运营服务平台统计分析功能，查看下列功能模块的显示及记录来进行：

（a）供电设施运行信息统计。

（b）维护信息统计。

（c）减排分析。

（d）电能替代效益分析。

2）检测结果及要求。统计分析功能满足如下要求：

（a）应包括供电设施运行信息统计、维护信息统计、减排分析、电能替代电量分析、电能替代效益分析等应用。

（b）电量替代电量统计分析应符合国家电网公司系统电能替代统计分析的相关要求。

（c）电能替代效益分析应符合国家电网公司系统电能替代效益分析的要求。

（d）统计分析结果可用曲线图、棒图、饼图、表格等方式展示。

（7）系统管理功能验收。

1）检测方法。通过调用运营服务平台系统管理功能，查看下列功能模块的显示及记录来进行：

（a）组织机构管理。

（b）人员管理。

（c）权限管理。

（d）系统标准参数配置管理。

（e）日志管理。

（f）消息服务管理。

（g）业务流程管理。

（h）文档管理。

2）检测结果及要求。系统管理功能满足如下要求：

（a）应包括组织机构管理、人员管理、权限管理、参数配置管理、日志管理、消息服务、业务流程、文档管理等应用。

（b）应具备分级授权功能，具体包括组织机构和人员维护、角色定义和权限配置等。

（c）开户、变更等业务工作可通过图形化流程建模，实现流程的版本定义和发布。

（d）可通过系统参数配置，实现系统标准代码和业务规则的配置管理。

（e）可通过日志记录实现系统业务的事后追踪。

（f）可通过消息服务实现业务提醒、催办和系统各模块之间的松耦合集成。

（8）外部接口功能验收。

1）检测方法。通过查看运营服务平台与用电信息采集系统、配电自动化系统接口数据操作响应是否正确来进行。

2）检测结果及要求。外部接口的功能应满足如下要求：

（a）外部接口功能可包括用电信息采集系统接口、配电自动化系统接口等应用。

（b）外部接口的信息安全要求应符合国家电网公司信息安全规定。

（c）外部接口宜采用 WebService 接口方式。

（9）移动服务功能验收。

1）检测方法。通过调用运营服务平台移动服务功能，查看下列功能模块的显示及记录来进行：

（a）用户注册。

（b）设施查找。

（c）开启供电。

（d）供电信息查询。

（e）停止供电。

（f）支付账单查询。

（g）消息通知。

（h）用户信息查询修改。

（i）消费记录查询。

（j）充值记录查询。

（k）充值。

2）检测结果及要求。移动服务功能满足如下要求：

（a）应包括用户注册、供电信息查询、支付账单查询、消息通知、用户信息查询修改等移动客户端应用。

（b）移动终端应通过移动安全接入平台接入到服务平台。

（c）移动服务的信息安全要求应符合国家电网公司移动通信信息安全规范要求。

五、电能计量验收

（一）验收内容

电能计量验收内容包括表计验收、互感器验收、计量柜验收。

（二）验收方法及要求

1. 表计验收

（1）检测方法。表计验收检测方法包括检查表计计量性能、表计通用技术、计量器具控制等。

（2）检测结果及要求。检测结果应符合如下规定：

1）电气要求应符合规定，包括电源电压影响、温升、绝缘、抗接地故障能力、电磁兼容性等。

（a）电压范围应满足表 4-7 的要求。

表 4-7 电压范围

规定的工作范围	$0.9\sim1.1U_n$
扩展的工作范围	$0.8\sim1.15U_n$
极限工作范围	$0.0\sim1.15U_n$

（b）温升应符合要求，在额定工作条件下，电路和绝缘体不应达到可能影响仪表正常工作的温度。

（c）绝缘应满足要求，在正常使用条件下，考虑到气候环境影响及在正常使用条件下经受的不同电压，仪表及其连用的辅助装置，应具有足够的介电质量。

（d）抗接地故障能力应满足要求，对三相四线经互感器工作并接入配有接地故障抑制器或星形点被隔离的配电网的仪表（在产生接地故障并伴有 10% 过电压的情况下，不受接地故障影响的另两线对地的电压将会上升到标称电压的 1.9 倍）应适用以下要求：

对三条相线中的某一线上模拟接地故障条件下的试验，所有电压都提高到标称电压的 1.1 倍历时 4h。试验时仪表中性端与仪表试验设备（MTE）的接地端断开而与 MET 模拟接地故障的线电压端连接。这样，被试仪表不受接地故障影响的两电压端子接入了 1.9 倍标称相电压。在此试验中，设定电流线路为 50% I_n、功率因数为 1 和对称负载。试验后，仪表应无损坏并能正确地工作。当仪表回到正常工作温度时，测得的误差改变应不超过表 4-8 规定的极限。

表 4-8 接地故障引起的误差改变

电流值	功率因数	各等级仪表百分误差改变量极限				
		0.2	0.5	1	2	3
I_n	1	0.1	0.3	0.7	1.0	1.5

（e）电磁兼容性应满足要求，所设计的仪表（带有电子功能装置的机电式的或完全静止的仪表）应在传导的或辐射的电磁现象以及静电导致放电情况下，既不会损坏仪表，也不会实质性地影响测量结果。

2）对于电能计量，要求电能表应能计量有功总电能和各费率有功电能。

3）电能表存储功能应符合要求，仪表应具有计量单向或双向有功各费率电能量和总电能量，以及计量双向或四象限无功电能量的功能。

4）时钟、费率时段设置功能应符合要求：

（a）仪表应配置内部时钟，日历的闰年可自动切换并保证自出厂后 20 年有效（不出错），日历和时钟的修改应有防止非授权人操作的措施，并应在不损坏校准封缄的条件下进行。

（b）在 24h 内至少可以任意设置 8 个时段，最小时段为 15min。

（c）在 24h 内至少可以任意设置 4 种费率。

5）事件记录应符合如下要求：

（a）记录编程总次数，最近 10 次编程的时刻、操作者代码和编程项。

（b）记录校时总次数（不包含广播校时），最近 10 次校时前、后的时间。

6）通信功能要求。岸电计量装置应具有一路调制型红外通信接口和至少一路 RS485 通信接口。其中 RS485 通信接口初始速率为 2400bit/s，可通过软件设置为 1200、4800、9600bit/s；调制型红外接口通信速率为 1200bit/s。

7）显示功能要求。显示功能应符合如下要求：

（a）电能表显示屏应具备背光功能，可通过按键、红外灯触发方式点亮背光，2 个自动轮显周期后关闭背光。

（b）电能表应具备自动循环和按键两种轮显方式。

（c）电能表应能显示累计电能量、电压、电流、功率、时间、报警等信息。

8）准确度要求。电能表的准确度等级应符合表 4-9 中的规定。

表 4-9　　　　　　　　　　　计量装置准确度等级

电能计量装置类别	有功电能表	无功电能表	电压互感器	电流互感器
Ⅰ	0.2S 或 0.5S	2.0	0.2	0.2S 或 0.2*
Ⅱ	0.5S 或 0.5	2.0	0.2	0.2S 或 0.2*
Ⅲ	1.0	2.0	0.5	0.5S
Ⅳ	2.0	3.0	0.5	0.5S
Ⅴ	3.0	—	—	0.5S

* 0.2 级电流互感器仅指发电机出口电能计量装置中配用。

2. 互感器验收

（1）检测方法。互感器验收检测方法应符合如下规定：

1）电流互感器应符合 GB 20840.3《互感器　第 3 部分：电磁式电压互感器的补充技术要求》的规定。

2）电压互感器应符合 GB 20840.2《互感器　第 2 部分：电流互感器的补充技术要求》的规定。

（2）检测结果及要求。检测结果评判要求为：应符合国家电网公司企业计量标准的相关规定。

3. 计量柜验收

1）检测方法。计量柜验收检测方法应符合 GB/T 16934《电能计量柜》第 8 章的规定。

2）检测结果及要求。检测结果评判要求为：应符合 Q/GDW 11467.2《港口岸电系统建设规范　第 2 部分：电能计量》的规定。

六、港口岸电系统整体验收

（一）验收内容

港口岸电系统整体功能验收主要包括高压港口岸电系统的检测和低压港口岸电系统的验收。

（1）高压港口岸电系统应包含 IEC/ISO/IEEE 80005-1 中 10.3.2 规定的内容。

（2）低压港口岸电系统应包含 IEC/ISO/IEEE 80005-3 中 10.3.2 规定的内容。

（二）验收方法及要求

验收方法及验收结果应符合 Q/GDW 11469.2《港口岸电系统运行与维护技术规范第 2 部分：检测》中第 5 章的规定。主要检测内容如下：

（1）港口岸电电源检测。

（2）船岸连接和接口设备检测。

（3）监控系统及运营服务平台检测。

（4）电能计量检测。

⚓ 第四节　验收结论和整改要求

一、验收结论

验收工作完成后 5 个工作日内应提供验收报告。验收达到以下要求可认为验收通过：

（1）项目的文档资料齐全。

（2）软、硬件设备型号、配置、数量和技术参数满足技术文件设计要求。

（3）通过验收大纲规定的试验。

（4）完成验收报告。

二、整改要求

如验收未通过，应制定整改措施和整改期限，整改完成后应提供整改报告，评估认定通过可认为通过验收。

三、验收报告

验收完成后，应编写完整的验收报告。验收报告内容应包含项目概况、验收依据、验收内容、验收记录、验收结论等；验收组组长及验收组成员须在验收报告的验收人员一栏签字确认。

第五章　内河港口岸电的运营与服务

❄ 第一节　服 务 平 台 构 成

一、服务平台构架

服务平台是开展内河港口岸电服务网络运营业务、岸电设备稳定运行的信息化及支撑服务软件的平台，对内河港口岸电设备进行监视控制和综合管理。服务平台的构架包含客户服务、在线监控、运营管理、权限管理、资产管理、统计分析、系统管理、平台接口、移动服务等。

监控范围主要包括变压变频电源、低压断路器、岸电接电箱和电缆卷筒等设备，具体监控设备的功能见表 5-1。

表 5-1　　　　　　　　　　　内河港口岸电监控设备功能

序号	设备名称	电压等级（V）	控制	测量	监测报警
1	变压变频电源	输入侧：10000 或 6000 输出侧：6600	分/合闸	开关状态、电流、电压、功率因数、频率、有功功率、无功功率	过电流、过电压、过（欠）频率、欠电压、缺相、反相、三相不平衡、输出逆功、功率单元温度、柜门打开
		输入侧：400 输出侧：400 或 450	分/合闸	开关状态、电流、电压、功率因数、频率、有功功率、无功功率	过电流、过电压、过（欠）频率、欠电压、缺相、反相、三相不平衡、输出逆功、功率单元温度、柜门打开
2	低压断路器	400	分/合闸	开关状态	过电流、过电压、速断、接地
3	岸电接电箱	400	—	电缆连接就绪、紧急断开、接地	带电显示、故障、箱门打开
4	电缆卷筒	—	—	收、放电缆信号	故障、过载、力矩过大

设备监控信息及运行信息的采集对象主要包括岸电接电箱、岸电桩刷卡系统、电缆管理系统、船舶用电设备等。具体的监控信息的采集类型及节点见表 5-2。

表 5-2 内河港口岸电设备监控信息

序号	采集对象	采集类型	采集节点
1	岸电接电箱	接电箱信息	连接器故障
2			岸电箱接地状态
3			岸电箱故障状态
4			岸电箱箱门关闭状态
5			岸电箱带电状态
6			船侧等电位开关信号
7			岸侧等电位开关信号
8			与船侧通信故障
9		遥信信息	岸电桩启动/停止信号
10			岸电桩接口故障信号
11		保护信息	岸电桩漏电保护
12			岸电桩短路保护
13			岸电桩过载保护
14			岸电桩防雷保护
15			岸电桩防倾倒保护
16			岸电桩水浸保护
17			岸电桩防盗保护
18			岸电桩紧急停机信号
19			岸电桩启动/停止供电
20			岸电桩紧急停机
21		遥测信息	岸电桩输入/输出 A/B/C 相电压
22			岸电桩输入/输出 A/B/C 相电流
23			岸电桩输入/输出频率
24			岸电桩输入/输出功率因数
25			岸电桩输入/输出有功功率
26			岸电桩输入/输出无功功率
27			岸电桩实时用电量
28	岸电桩刷卡系统	卡信息	刷卡用户账号
29			持卡人姓名
30			岸电服务费
31			卡内剩余金额
32			起始消费时间
33			结束消费时间
34			当前一次用电量
35			当前一次消费金额

序号	采集对象	采集类型	采集节点
36	电缆管理系统	电缆信息	电缆管理系统收/放电缆状态
37			电缆管理系统故障
38			电缆过载
39			剩余电缆长度过短
40			电缆力矩过大
41			岸电箱电缆连接状态
42			电缆管理系统收/放电缆
43	船舶用电设备	船舶故障信息	船岸同步故障
44			船舶报警信息

遥测数据类型一般包括进出线的电气量、环境温/湿度、船舶信息、开关状态、设备状态、保护和故障信息等。

二、总体要求

1. 服务平台要求

（1）服务平台可采用分级部署。

（2）服务平台应具备获取设备信息及运行信息数据的能力，汇集所辖区域用户客服信息、设备运行信息、资产状况、资金结算信息，还应提供海量存储服务，信息保存时间不低于 5 年。

（3）服务平台可对所辖区域内河港口岸电设备信息及运维信息进行分析，形成全局性业务决策，以及对港口岸电主要设备进行安全监视和运行控制的功能。

（4）服务平台应具备与第三方系统或设备通信的软、硬件接口。对外接口应遵循现行的国际标准、国家标准、交通行业标准。

（5）应具备对事故和异常情况的处理功能。

2. 设备监控范围要求

（1）监控设备配置和功能部署应满足内河港口岸电设备运行和维护安全的要求。

（2）应满足对内河港口岸电变频装置、岸电接电箱和电缆管理系统等设备进行安全监视和运行控制的要求。

（3）应满足内河港口岸电设备防误操作的要求，符合电力监控系统安全防护规定相关要求。

（4）应满足对保护动作、设备故障信息、告警等方面事故和异常处理的要求。

⚓ 第二节　服务平台结构

一、功能概述

服务平台功能分为基本功能、扩展功能和监控功能。其中基本功能包括客户服务、在线监控、运营管理、系统管理、资产管理和统计分析等；扩展功能在服务平台建设时可根据需要进行部署，包括平台接口、移动服务和辅助功能；监控功能包括信息处理、人机界面、安全操作、电量计费、时钟同步、缺陷管理和自诊断自恢复等功能。内河港口岸电运营与服务平台结构如图 5-1 所示。

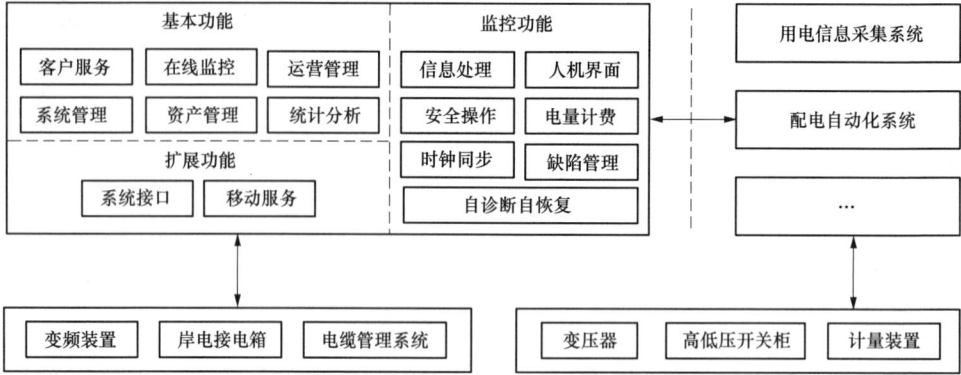

图 5-1　内河港口岸电运营与服务平台结构

二、平台要求

（1）采用分层分布式网络结构，通信网络宜采用内嵌式光缆。

（2）配备实时监测和控制设备，并实现数据存储和共享。

（3）具有诊断和容错功能，实时检测服务平台自身的故障并报警。

（4）具有第三方系统接入的软、硬件接口，应能支持通用的通信接口和协议。

（5）设置时钟同步装置，对各个监测单元和监控计算机等时钟设备进行同步校正。

三、主要功能

（一）基本功能

1. 客户服务

（1）可包括开户管理、变更管理、销户管理、合同管理等应用。

（2）可通过现场服务、营业厅、呼叫中心、客服网站、自助终端等服务渠道，统一受理客户合同管理、岸电业务、费用支付、业务咨询、信息查询等服务请求。

（3）可对有关服务请求进行跟踪、督办，进行服务质量监督。

（4）具备客户回访管理功能，了解客户对内河港口岸电服务的满意程度，形成闭环管理。

2. 在线监控

（1）在线监控设备功能及监控信息应符合表 5-1 和表 5-2 的功能要求。

（2）可包括实时状态、状态分析、故障分析、故障统计等应用。

（3）服务平台与其他系统的通信规约可符合通用协议结构、网络层通信、应用层数据结构和通信报文的要求。

（4）服务平台可实现对变频电源设备、岸电接电箱、电缆管理系统进行在线监控，实时显示所辖范围内河港口岸电设备的实时状态。

（5）可对各种实时状态和历史状态进行查询。

（6）可实时处理所辖范围各岸电设备的故障信息，实时展示并报警，并可根据岸电设备的名称、故障时间、故障类型和处理状态等进行信息查询。

（7）控制类报文下发应采取符合国家电网公司管理信息系统安全防护技术要求的安全防护措施。

3. 运营管理

（1）应具备内河港口岸电供电记录管理、计量管理业务应用功能，其中计量管理应符合港口岸电电能计量系统组成与结构、设备技术要求、装置配置原则、安装及现场检验的要求。

（2）可包括岸电计费管理、费用分析、岸电计算管理的业务功能。

（3）内河港口岸电供电记录应包括客户信息、岸电设备信息、岸电设备供电运行信息等。

（4）可根据内河港口岸电供电记录及电价信息，对内河港口岸电供电费用进行统计分析。

4. 系统管理

（1）应包括组织机构管理、人员管理、权限管理、参数配置管理、日志管理、消息服务、业务流程、文档管理等应用。

（2）应具备分级授权功能，具体包括组织机构和人员维护、角色定义和权限配置等。

（3）开户、变更等业务工作可通过图形化流程建模，实现流程的版本定义和发布。

（4）可通过服务平台参数配置，实现服务平台标准代码和业务规则的配置管理。

（5）可通过日志记录实现服务平台业务的事后追踪。

（6）可通过消息服务实现业务提醒、催办和服务平台各模块之间的松耦合集成。

5. 资产管理

（1）资产管理应包括设备登记、设备查询、设备台账管理等应用。

（2）应对变频电源设备、岸电接电箱和电缆管理系统等岸电设备状态转变的各个业务环节进行管理。

（3）应对资产全生命周期状态进行跟踪管理。

6. 统计分析

（1）应包括岸电设备运行信息统计和维护信息统计等应用。

（2）可对所采集的岸电电源的各种电气量和设备参数数据进行统计计算，如岸电使用率、岸供电电量、电压合格率等。

（3）可对各内河港口岸电变频装置、岸电接电箱和电缆管理系统等主要设备的运行状况进行统计分析。

（4）可利用服务平台运行的遥测数据、遥信数据，生成日报、周报、月报等不同格式的生产运行报表，并能够打印输出。

（5）统计分析结果可用曲线图、棒图、饼图、表格等方式展示。

（6）生产运行报表可编辑、修改、定义、增加和删除。

（二）监控功能

1. 信息处理

（1）考虑监控范围设备维护安全性和应用方便性，宜采用图模库一体化设计。

（2）可根据信息分级处理划分的信息紧急程度，配置不同的声光报警和画面显示方式。

（3）可根据所辖内河港口岸电变频装置、岸电接电箱和电缆管理系统等设备的保护动作信息、故障信息、报警信息等进行设备故障排除。

（4）报警处理可分类型、分级别、分区域进行。一般报警类型包括保护信息、故障信息、越限信息等类型；报警级别包括严重告警、重要告警、一般告警、提示信息等。

（5）报警信息应具备可视化及音响效果。报警信息记录应包含报警时间、报警对象、报警类型、重要程度等信息。

（6）报警信息应具备事件顺序记录，并能够生成事件记录报告。

2. 人机界面

（1）可通过人机界面实现对各内河港口岸电设备的运行监视和遥控操作，遥控操作内容应符合 JTS 155《码头船舶岸电设施建设技术规范》中计算机管理与监控系统的要求。

（2）应能按要求对服务平台配置参数、设备参数、定值参数、模拟量限值参数等进行设置，具备按一定权限对设备参数、模拟量限值及开关量状态进行修改的功能，并予以记录。

（3）应能够监视内河港口变频装置、岸电接电箱和电缆管理系统等设备参数。

（4）应能利用人机界面进行消音、清闪烁、置牌等报警处理，确认报警点的退出/恢复。

（5）应提供交互式操作管理及趋势曲线展示等功能，且能利用人机界面实现画面、图表和曲线的编辑和打印。

3. 安全操作

（1）应具备对所辖内河港口岸电变频装置、岸电接电箱和电缆管理系统等设备通过预置、执行两步骤进行遥控等操作功能。

（2）应具备按管理职责区分控制责任区的功能。各责任区管理应具备有效的口令和校验机制确保运行的安全。

（3）服务平台可具备分码头、分电压等级、分人、分组控制不同的内河港口岸电设备操作功能。

（4）服务平台应具备检修、事故、异常、置牌等状态防误闭锁功能。

（5）服务平台应能够记录遥控、置牌、复位等各项操作的内容和时间。

4. 电量计费

（1）电能量采集和计量管理应符合港口岸电电能计量系统组成与结构、设备技术要求、装置配置原则、安装及现场检验的要求，能够采集所辖内河港口岸电的计量表、考核表的电能量信息。

（2）应具备分时、分期、分电压等级、分用电量设置不同电价信息。

（3）应能够根据采集的电能量信息和电价信息，计算内河港口岸电服务计价收费情况。

（4）应具备时钟同步功能，应能够采用标准授时信号进行时钟校正。

（5）应具有通过服务平台对内河港口岸电控制设备进行时钟检查和校准的功能。

5. 缺陷管理

（1）缺陷管理功能应包括设备故障登记、设备故障处理、设备报废等应用。

（2）缺陷管理功能应符合港口岸电系统的基本要求，以及岸电系统运行条件、岸电系统的维护等港口岸电设备及辅助设施的维护要求。

（3）缺陷处理过程宜采用移动作业方式，通过移动终端实时上送。

6. 自诊断和自恢复

（1）应具有服务平台在线诊断能力，发现服务平台运行异常时，应予以报警和记录。

（2）冗余配置的设备应具有自动切换功能。

（3）与内河港口岸电设备的数据通信宜采用双通道热备用，实现两路互为备用，自动切换。

（三）扩展功能

1. 平台接口

（1）平台接口功能可包括用电信息采集系统接口、配电自动化系统接口等应用，通信规约应符合网络传输层的 TCP/IP 协议，TCP 端口建议采用 6600，服务平台为 TCP 服务器端，其他系统为 TCP 客户端的规定。

（2）平台接口的信息安全要求应符合物理、边界、网络、应用、数据、主机和终端等 7 个层面的信息系统安全防护技术的要求。

（3）平台接口宜采用 WebService 接口方式。

（4）平台接口安全要求应符合安全评估、访问控制、入侵检测、口令认证、安全审计、防恶意代码、加密等。

（5）平台传输控制要求应符合高速数据通道技术，降低接口网络负担，提高接口吞吐能力，采用负载均衡、伸缩性与动态配置管理及网络调度等。

2. 移动服务

（1）应包括用户注册、供电信息查询、支付账单查询、消息通知、用户信息查询修改等移动客户端应用。

（2）移动终端应通过移动安全接入服务平台。

（3）移动服务的信息安全要求应符合管理信息系统安全等级保护验收规范的要求。

❁ 第三节 服务平台接口

一、基本要求

（1）接口支持外部服务平台安全可靠的接入，且满足高并发和大容量信息应用需求。

（2）应提供完善的信息安全机制，保证服务平台的健壮性。

（3）应对服务平台的运行及接口进行监控。

（4）应提供实现服务平台平滑地移植和服务平台扩展的功能。

（5）与其他服务平台间的数据共享交换可采用服务平台间直接数据接口交换或通过应用集成服务平台进行数据交换两种模式。

二、接口安全要求

（1）服务平台接口安全应符合管理信息系统安全等级保护验收规范的要求。

（2）根据接口特点及业务要求，制定安全策略。

（3）接口的安全措施应包括安全评估、访问控制、入侵检测、口令认证、安全审计、防恶意代码、加密等方面的内容。

三、传输控制要求

（1）应利用高速数据通道技术实现前端大数据量并发控制，保证应用服务平台在大量客户端同时请求服务时，能够保持快速、稳定的工作状态。

（2）服务平台应采用传输控制手段降低接口网络负担，提高接口吞吐能力，保证服务平台的整体处理能力。

（3）服务平台接口传输控制手段可采用负载均衡、伸缩性与动态配置管理、网络调度等。

（4）服务平台通信方式可采用光缆、以太网、RS485无线等方式。为了信息传输的安全稳定，可采用内嵌式光缆通信方式。

四、通信协议要求

通信协议要求包括服务平台与内河港口岸电设备之间或其他系统之间通信的通用协议结构、网络层通信、应用层数据结构和通信报文等方面的内容。

（一）通信协议结构

通信协议结构遵循开放式系统互联模型（OSI），使用物理层、链路层、网络层、传输层进行数据传输，由应用层进行数据处理。

（二）网络层通信

服务平台与岸电设备通信应采用网络传输层的 TCP/IP 协议，TCP 端口建议采用6600，服务平台为 TCP 服务器端，岸电设备为 TCP 客户端，岸电设备主动进行 TCP 连接，服务平台被动响应。

（三）应用层数据结构

在通信传输过程中，应用层对数据信息进行通信报文组包，形成一帧数据报文，称为应用协议数据单元（APDU）。APDU 由应用协议控制信息（APCI）和应用服务数据单元（ASDU）组成。

（1）应用服务数据的信息元素定义：应用服务数据单元 ASDU 由信息体和信息体数据组成，其中信息体包含类型标识、可变结构限定词、传送原因和应用服务数据单元公共地址等。信息体数据主要分为量测类、信号类和通用分类三种。

（2）类型标识定义：用于标识数据帧的数据应用类型，对数据的应用类型进行定义，例如测量值上传、数据召唤等。

（3）可变结构限定词定义：用于标识数据帧中应用服务单元的信息元素数目，定义数据帧长度。

（4）传送原因定义：定义的是数据传输的原因，通过该数据位定义，表明数据发送的原因，如突发原因、上级召唤、周期扫描等。

（5）应用服务数据单元公共地址：用于定义服务平台或岸电设备的地址。

（6）信息对象地址：使用三个八位位组来定义，作为信息对象的源地址。

（7）品质描述词：用于评价量测类数据和信号类数据的数值品质，表明数据值是否有效或溢出。

（8）时标：用七个八位位组二进制数组成，数据格式定义为毫秒、分、时、日、月、年。

（9）测量类信息体数据：采用标度化值，用于传输用电设备的电气数据，如电压、电流、功率、温度等。

（10）信号类信息体数据：表示状态量数据的描述，用于传输用电设备的运行状态。

（11）通用分类信息体数据：用于描述服务平台中复杂的数据类型，例如文件、图片等类型数据。在该数据类型的前面加上该数据集的类型和长度信息等，从而形成能解释数据类型和格式的一个通用分类数据集。

（四）通信报文

通信报文用于通信过程中服务平台与岸电设备之间的数据交互机制，确定特定应用服务数据单元的数据结构。报文类型主要包括通信初始化、数据总召、计数量总召、时钟同步、变化数据传输、业务数据上传和业务数据下发等应用报文。

✵ 第四节　信息安全防护

服务平台与上级系统、计量计费系统和岸电设备有通信连接时，应做好安全防护隔离措施，杜绝跨安全区直联。

一、总体目标

（1）防止由于服务平台崩溃或人为破坏造成服务平台可用性和完整性下降。

（2）抵御内部和外部人员通过网络对服务平台和岸电桩发起的攻击和破坏。

（3）防止非授权人员对服务平台的非法操作和破坏，确保操作的合法性。

（4）防止计算机病毒对服务平台的感染和侵袭。

（5）防止非授权人员对服务平台的配置、数据库结构、数据库文件和数据的修改和破坏。

（6）保证监测数据的生成、存储、传输和使用过程的安全。

二、防护要求

（1）信息安全防护应符合信息安全技术网络安全等级保护基本要求。

（2）防护要求应符合管理信息系统安全等级保护验收规范的要求。

（3）安全策略应包括分区分域、安全接入、动态感知、精益管理、全面防护等。

（4）安全防护设计应包括终端、边界、网络、主机、应用、数据六个方面。

（5）管理工作站、营业厅中的工作站、自助终端等宜采用有线方式通过防火墙接入服务平台中。

（6）移动终端应采用无线方式通过信息安全验证接入服务平台。

三、服务平台容量

服务平台容量取决于监控设备的模式及所辖的岸电设备数量，应符合以下要求：

（1）根据内河港口岸电建设规划，应保留相应裕量。

（2）服务平台所辖内河港口岸电的数字输入量（DI），模拟量输入量（AI）以及服务平台端所定义的分画面、报表等数量均应进行优化，避免冗余信息。

（3）所采集的历史数据采样间隔可人工设定，最小间隔可达到1min。

（4）服务平台应至少能够存储3年的历史数据（一般按5min间隔）、日报、月报、年报等数据。

四、服务平台辅助配置

（1）服务平台机房等应根据设备的要求配备空调设备。

（2）监控室应考虑防尘、防潮、防噪声、防电磁干扰、防雷击、防过电压等措施。

（3）监控室应配备防水、防火和事故照明设施。

（4）服务平台的交流供电电源应安全可靠，至少采用交流双路供电，且两路电源应取自不同的交流母线，并实现自动切换功能。

（5）服务平台应配备交流不间断电源。

第五节　内河港口岸电的运营模式

一、运营模式

（1）内河港口岸电服务区提供单相供电及三相供电两种岸电服务。

（2）在电力系统正常状态下，岸电服务方按照国家规定的电能质量标准向岸电使用方提供电力供应服务。

（3）采用互联互通运营模式，利用岸电桩位置和船联网，通过线上App＋岸电网络＋线下岸电设备模式将人、船、桩串联起来。

（4）采用岸电桩＋商品零售＋服务消费和充电App＋云服务＋远程智能管理等模式。

二、运营商托管服务

通过建、运、管一体化模式，为社会运营商、小区物业、企事业单位、个人提供托管运营服务，满足其充电服务运营管理需求，提供定制化服务。

三、费用收取

（1）岸电服务方按照国家规定安装用电计量装置，并按照计量表计正常记录确定岸电使用方用电量。岸电使用方认为计量表计记录不准时，有权向岸电服务方提出校验。

（2）岸电服务方根据计量装置的正确记录，向岸电使用方收取岸电服务费。如有价格变动，岸电服务方应前 7 个工作日进行公示。

（3）岸电服务费按刷卡消费等方式进行结算。

（4）岸电服务项目收费以人民币形式支付。

四、IC 卡事项

（1）给新卡片注册时，依次填入卡号、用户名、单位和联系方式，其中卡号必须输入 16 位整数，新用户注册后可将用户相关信息与卡号绑定存储在系统中。

（2）注销时卡片余额清零，被注销的卡片将不再支持充值功能，原则上不允许对已注销的卡片进行重新注册。

（3）IC 卡需使用服务区统一发行，发行的 IC 卡不记名、不补办、不挂失、不退款。

（4）须严格遵守"先插入插头，后刷卡供电""先刷卡结算，后拔下插头"的岸电桩使用顺序，刷卡结算后方可松开紧固扣并拔出电缆。

（5）刷卡操作启动或停止取电时，应将卡靠近刷卡区保持约 1s，否则可能导致操作失败。

（6）供电过程中若发生连续 2 次短暂断电并恢复，表示卡内余额不足，须尽快充值。

❀ 第六节 应 用 实 例

一、港口船舶岸基供电运营服务平台应用

平台主要包括客户信息管理，供电卡业务办理，客户投诉信息管理；对港口以及供电设施的管理及在线监控，设备预警；供电记录查询，计费模型管理；资产信息录入，设备通信联调，设备缺陷管理；供电设施统计分析，报表管理，用户权限管理等内容，如图 5-2 所示。

（一）客户服务

客服人员通过输入客户提供的持卡人姓名、身份证号、关联账号和账号密码，为客户办理供电卡。供电卡具备 7×24h 服务保障、救援保障、安全保障三个保障。

1. 卡申请

客服人员输入客户提供的卡号、持卡人姓名、身份证号、关联账号和密码（关联账号和密码可不填），完成后点击"申请"按钮，成功后卡的初始密码为申请人身份证的后六位。

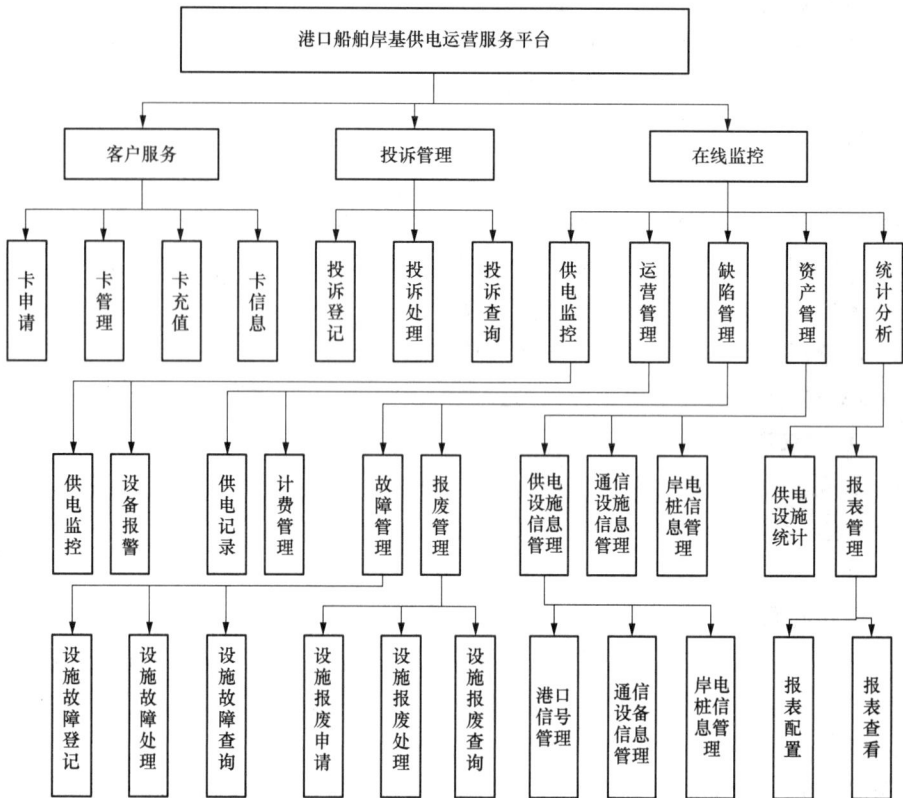

图 5-2　平台结构图

2. 卡管理

客服人员通过输入客户提供的登录名、账号、身份证号、手机号、邮箱可以搜索到该客户的卡信息，也可以输入卡号或者申请卡时的身份证号来查询客户供电卡信息。客服人员可以对已关联的卡进行修改、密码重置、注销、挂失、解除挂失、补卡、账户关联、站关联、充值等业务。卡管理界面如图 5-3 所示。

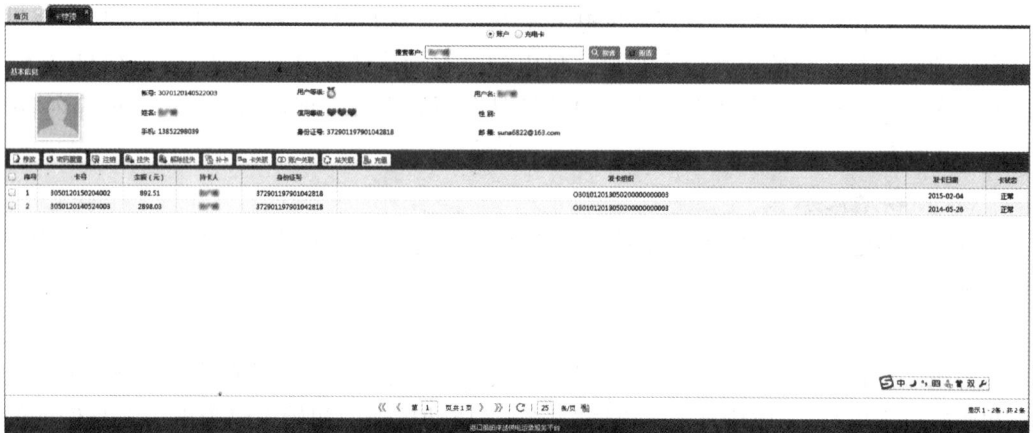

图 5-3　卡管理界面

3. 卡充值

客服人员通过客户提供的卡号，获取持卡人的账号信息、身份证号、账号、余额等，确认无误后，现场为客户进行充值服务。

4. 卡信息

客服人员通过输入客户的卡号进入卡信息查询界面，如图 5-4 所示，页面上方的查询工具栏可以过滤持卡信息，下方的表格显示卡号、余额、持卡人、身份证号、个人帐号、所属组织、发卡日期、卡状态等信息。

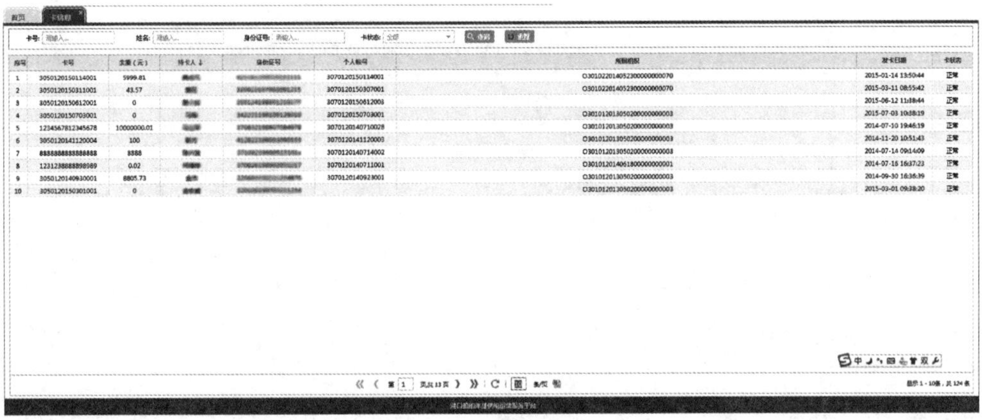

图 5-4　卡信息查询界面

（二）投诉管理

客服人员通过接听客户的投诉电话进行投诉登记，已登记的投诉信息会分发给相关单位进行处理。

1. 投诉登记

客服人员通过客户提供的投诉人账号、姓名、电话、投诉时间以及投诉内容来进行投诉登记（投诉人姓名、投诉内容为必填项），完成后点击"保存"提交。已登记的投诉信息会在投诉处理中检索到并进行处理，如图 5-5 所示。

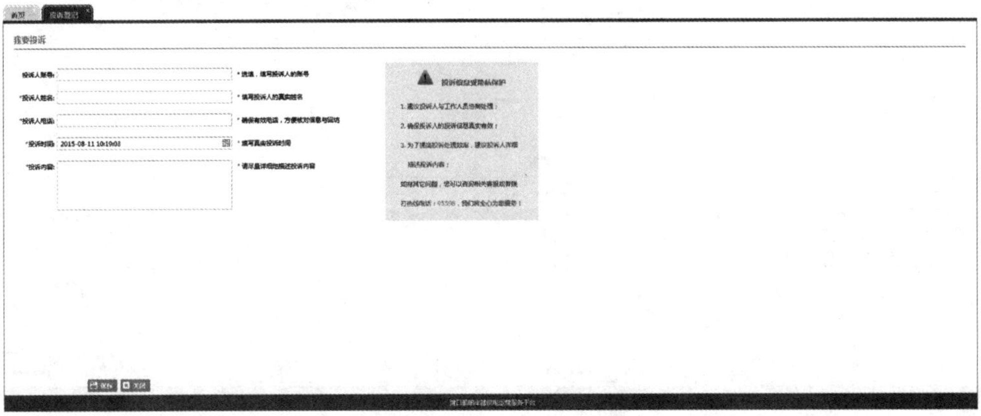

图 5-5　投诉登记界面

2. 投诉处理

客服人员通过投诉处理界面，上方的查询工具栏可以过滤下方表格中的内容，下方的表格显示已登记的投诉信息，客服人员对投诉记录可以进行处理投诉和撤销投诉操作。

（1）处理投诉：选中一条信投诉息，点击"处理投诉"按钮，跳转到投诉处理界面，输入处理人、处理单位、备注、处理内容（处理人、处理内容为必填项），如图 5-6 所示。

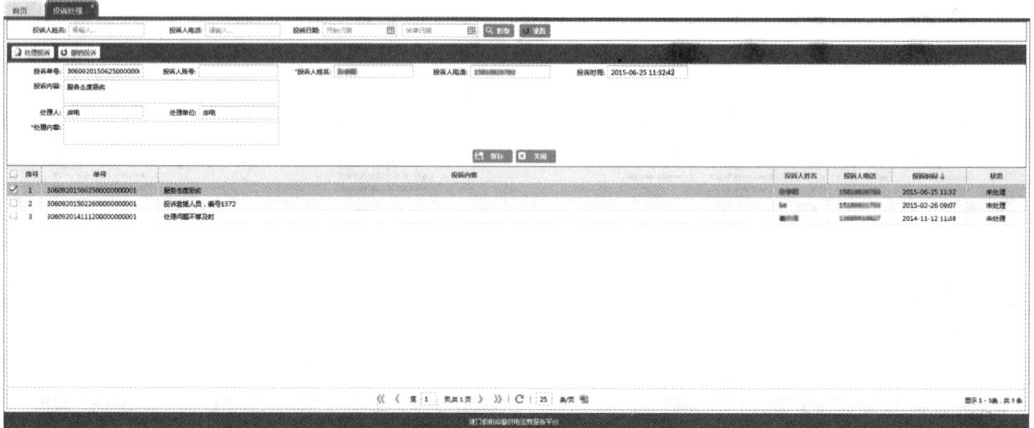

图 5-6　投诉处理界面

（2）撤销投诉：选择一条或者多条投诉信息，点击"撤销投诉"按钮，出现提示框"确定要撤销所有选中记录吗"点击"是"，撤销投诉完成。

3. 投诉查询

客服人员进入投诉查询界面，在上方的查询栏输入投诉人姓名、电话、状态、投诉时间等查询条件。选中一条记录，点击"单号"栏可以查看此记录的详细信息，如图 5-7 所示。

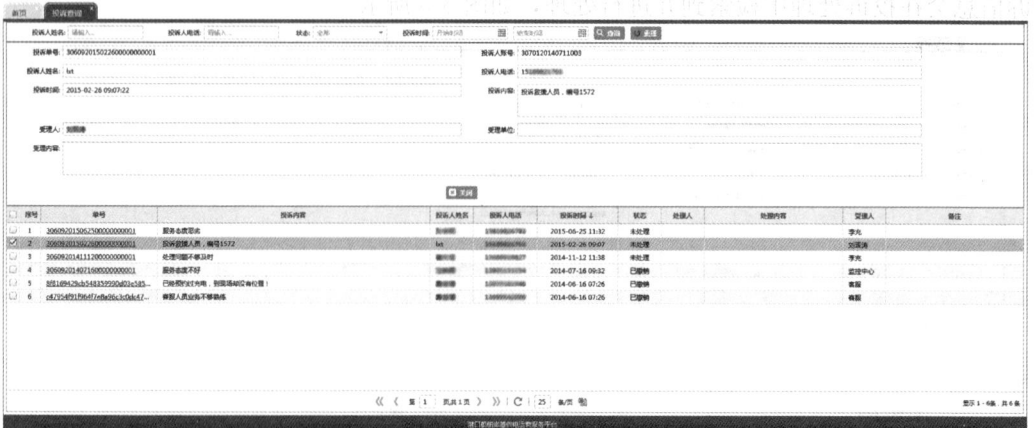

图 5-7　投诉查询界面

（三）在线监控

1. 设备在线监控

进入供电监控界面，左侧显示该单位的组织机构，右侧地图显示该单位下所有港口及岸电桩。在左侧树中选中某个单位，页面中会显示出本单位的港口和岸电桩信息，点击岸电桩进行在线监控，如图 5-8 所示。

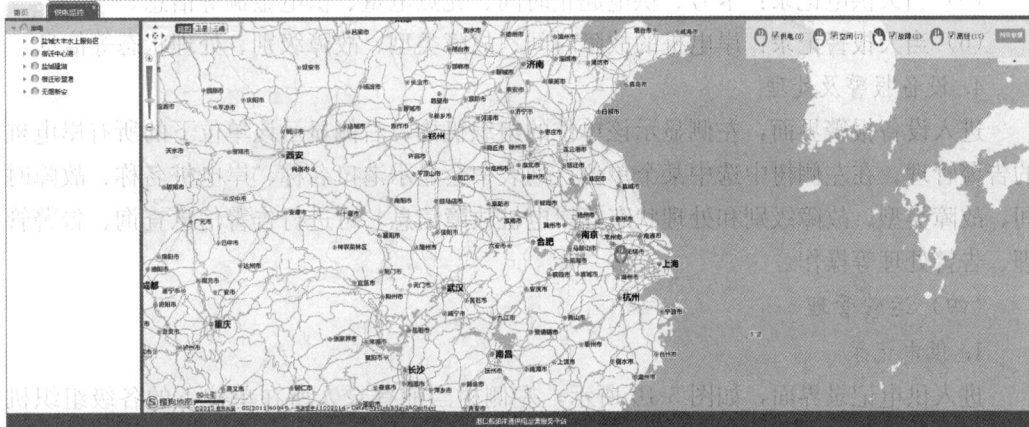

图 5-8　岸电桩在线监控界面

2. 实时状态查询

在供电监控界面左侧树中选中某个单位，右图中会显示出这个单位的港口及岸电桩，右侧地图中显示此单位下所有桩的实时状态（供电、空闲、故障、离线）。点击"列表查询"按钮，显示该单位下岸电桩的列表信息，如图 5-9 所示。

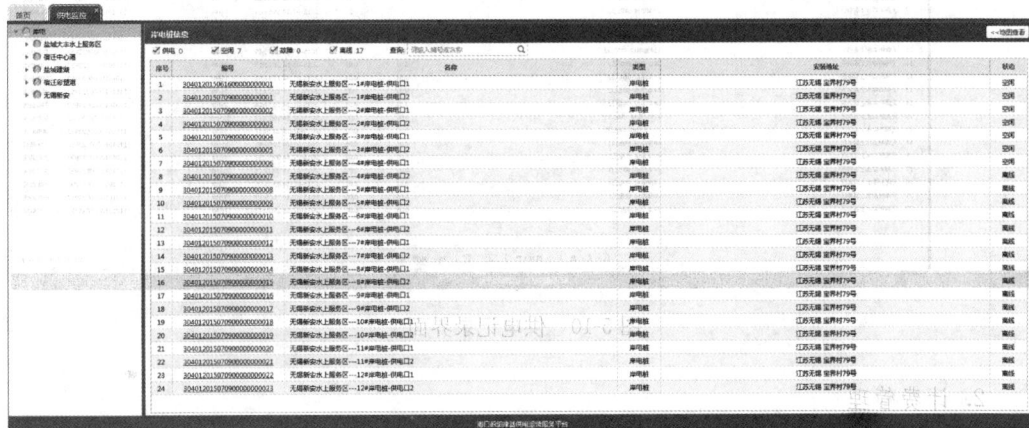

图 5-9　实时状态查询界面

3. 供电信息查询

点击地图上岸电桩的在线监测按钮进入岸电桩监控界面，显示如下信息：

（1）岸电桩信息：下一预约时间、岸电桩名称、型号、标准电压、标准电流、额定功率、资产编号、投运日期、出厂日期、生产厂家等信息。

（2）当天供电信息：供电量、供电次数、预约次数、平均时长、产生费用等信息。

（3）实时运行信息：电压、电量、电流、当前供电设施等信息。

（4）实时供电曲线图及当天预约信息：姓名、预约时间、时长、状态、操作等信息。

（5）当天供电记录：卡号、供电起止时间、充点电量、供电金额等信息。

（6）当天报警记录：岸电桩的故障时间、故障类型、故障级别、处理状态等信息。

4. 设备报警及处理

进入设备报警界面，左侧显示该单位的组织机构，右侧显示该单位下的所有岸电桩的告警管理。在左侧树中选中某个单位，列表中会显示港口名称、岸电桩名称、故障时间、故障类型、故障级别和处理状态等岸电桩故障信息，可进行告警信息查询、告警管理、告警处理等操作。

（四）运营管理

1. 供电记录

进入供电记录界面，如图 5-10 所示，左侧树当前登录人所在单位下的各级组织机构，在左侧树中选中某各单位，右侧表中显示出的所有供电记录，在上方的查询栏输入船牌号、卡号、开始时间、结束时间等查询条件，点击"查询"按钮可以对下方表中的信息进行过滤。点击供电"曲线"可以查看该次供电的供电曲线信息。

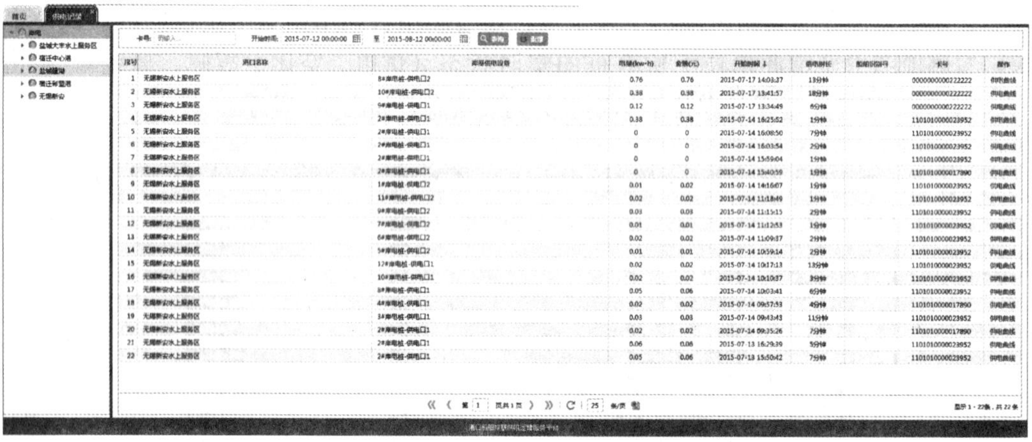

图 5-10　供电记录界面

2. 计费管理

进入计费管理界面，如图 5-11 所示，左侧树显示当前登录账号的所在单位以及该单位的子单位信息，右侧列表中显示该单位的计量单位、金额、价格单位等供电电价信息。可以对所选单位的电价信息进行添加、修改、删除、查询等进行操作。

（五）缺陷管理

1. 故障管理

（1）设施故障登记：进入设施故障登记界面，如图 5-12 所示，左侧显示该单位的

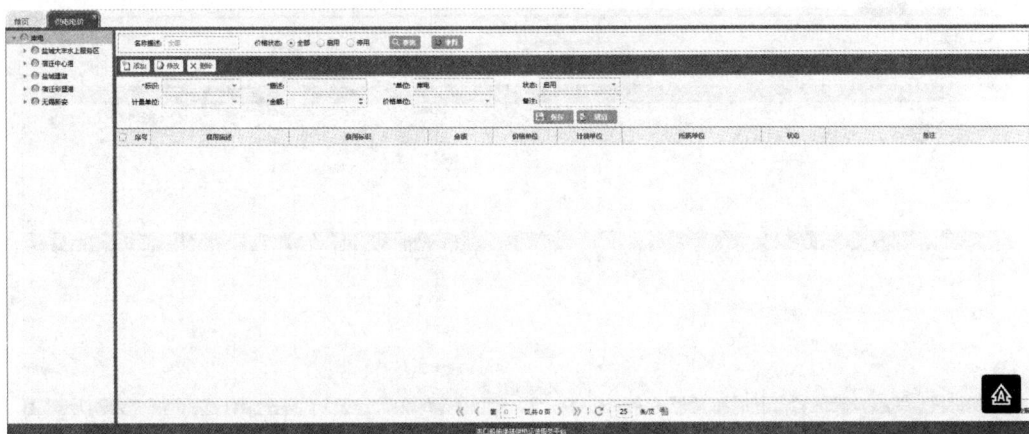

图 5-11 计费管理界面

组织机构，右侧显示该单位下的故障设备的信息。在左侧树中选中某个单位，列表中会显示该单位下的设备类型、故障设备、故障来源、发现时间、故障描述等故障设备信息，可进行添加、修改、删除、提交、查看、查询等操作。

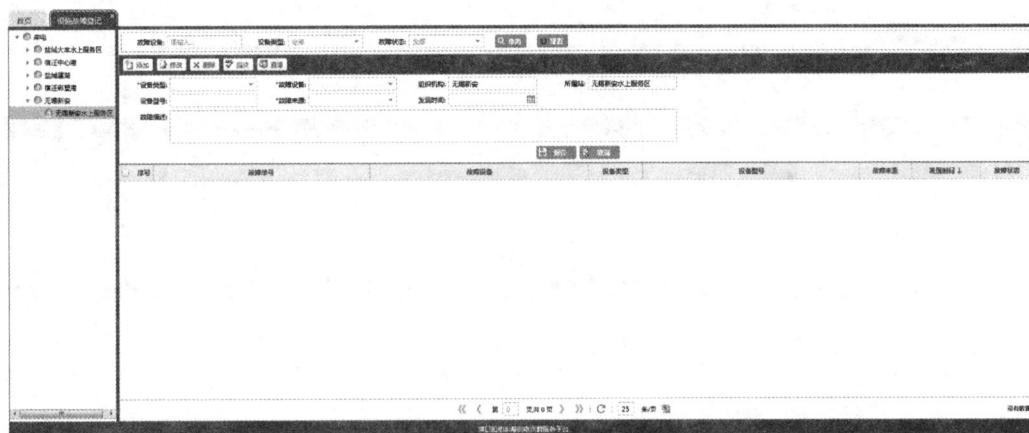

图 5-12 设施故障登记界面

（2）设施故障处理：进入设施故障处理界面，如图 5-13 所示，显示出需要检测和处理的故障信息，信息内容包括故障单号、故障设备、设备类型、设备型号、故障来源、故障描述、发现时间、故障状态和操作等信息。根据设备的类型、故障设备、故障状态进行查询和处理。

检测信息包括检测内容、是否存在故障、故障类型、检测开始时间、检测结束时间、检测结果、检测人和故障级别等检测信息，点击"添加"输入检测信息，填写完成后点击"保存"然后提交。

故障处理信息包括检测的内容、故障的类型、故障处理开始时间、故障处理结束时间、处理详情和处理人，确认后点击"保存"提交。

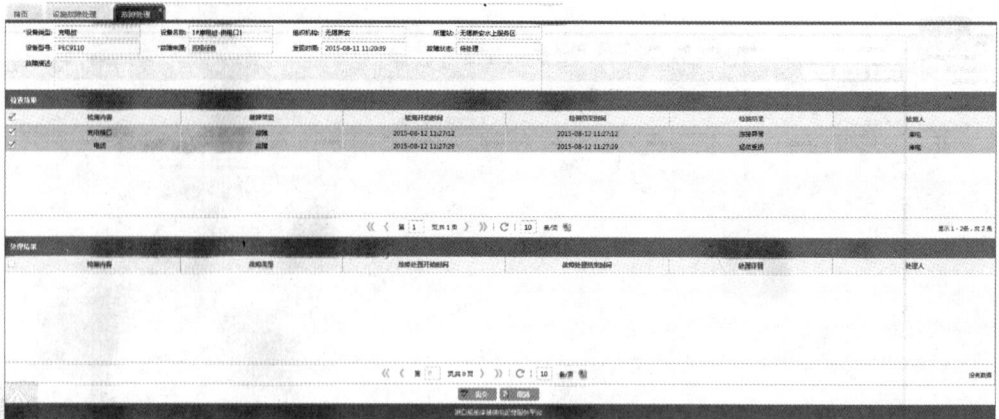

图 5-13　设施故障处理界面

（3）**设施故障查询**：进入设施故障查询界面，如图 5-14 所示，显示出设施的故障信息，信息包括故障单号、故障设备、设备类型、设备型号、故障来源、故障描述、发现时间、故障状态和对这些故障信息进行查看。根据设备类型、故障设备、故障状态进行查询。

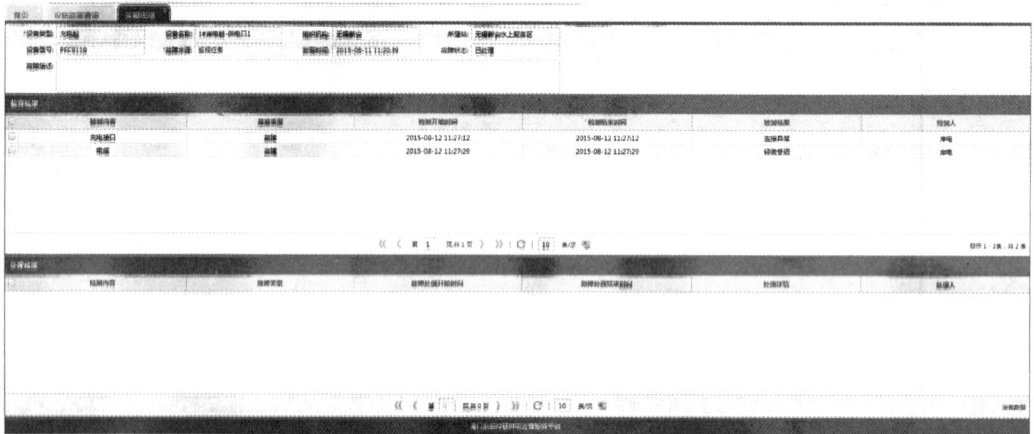

图 5-14　设施故障查询界面

2．报废管理

（1）**设施报废申请**：进入设施报废申请界面，如图 5-15 所示，左侧显示该单位的组织机构，右侧显示该单位下的报废设备的申请信息。在左侧树中选中某个单位，列表中会显示该单位下的设备类型、报废设备、报废日期、报废原因、申请单位、申请人、申请时间等报废信息，可进行添加、修改、删除、发送、查看、查询等操作。

（2）**设施报废审核**：进入设施报废审核界面，如图 5-16 所示，左侧显示该单位的组织机构，右侧显示该单位下的报废审核的审核信息。在左侧树中选中某个单位，列表中会显示出这条记录的设备类型、报废设备、报废日期、报废原因、申请单位、申请人、申请日期等报废审核信息，可进行审核、退回、查看、查询等操作。

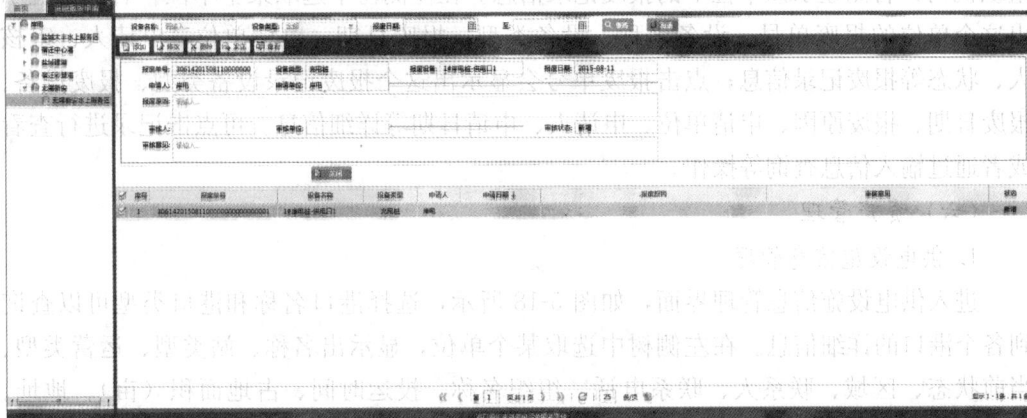

图 5-15 设施报废申请界面

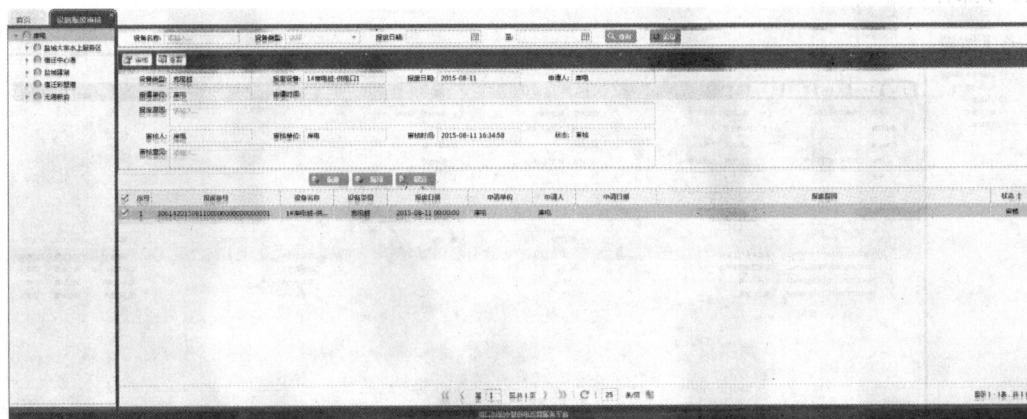

图 5-16 设施报废审核界面

（3）设施报废查询：进入设施报废查询界面，如图 5-17 所示，左侧显示该单位的

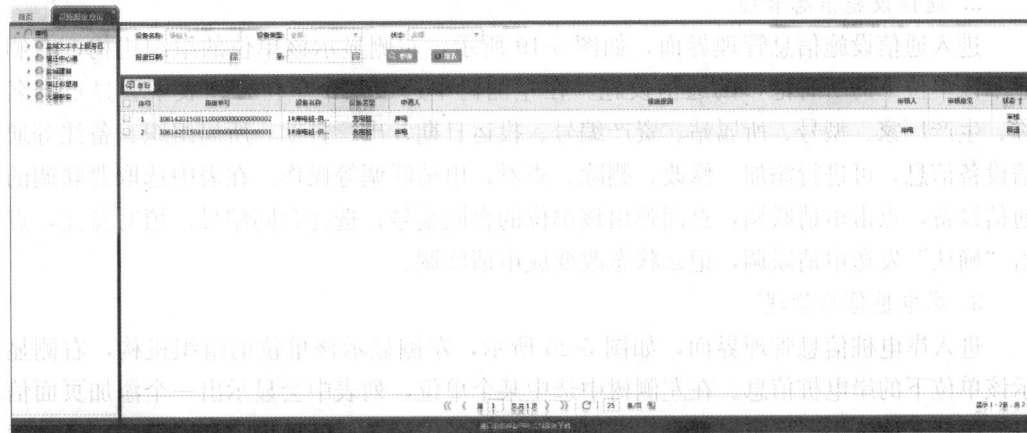

图 5-17 设施报废查询界面

组织机构，右侧显示该单位下的报废记录信息。在左侧树中选取某个单位，右侧会显示出这个单位的报废单号、设备名称、设备类型、报废日期、申请单位、申请人、审核人、状态等报废记录信息；点击报废单号会显示出这个报废记录设备类型、报废设备、报废日期、报废原因、申请单位、申请人、申请日期等详细信息。可点击记录进行查看或者通过输入信息查询等操作。

（六）资产管理

1. 供电设施信息管理

进入供电设施信息管理界面，如图 5-18 所示，选择港口名称和港口类型可以查询到各个港口的详细信息。在左侧树中选取某个单位，显示出名称、站类型、运营类型、当前状态、区域、联系人、联系电话、组织名称、投运时间、占地面积（亩）、地址、经度、纬度、图片（上传图片）和对新添加站进行名称、港口类型（沿江、沿海、内河）、区域名称、地址、运营类型和状态等描述，可进行添加、修改、删除、退运、查看等操作。

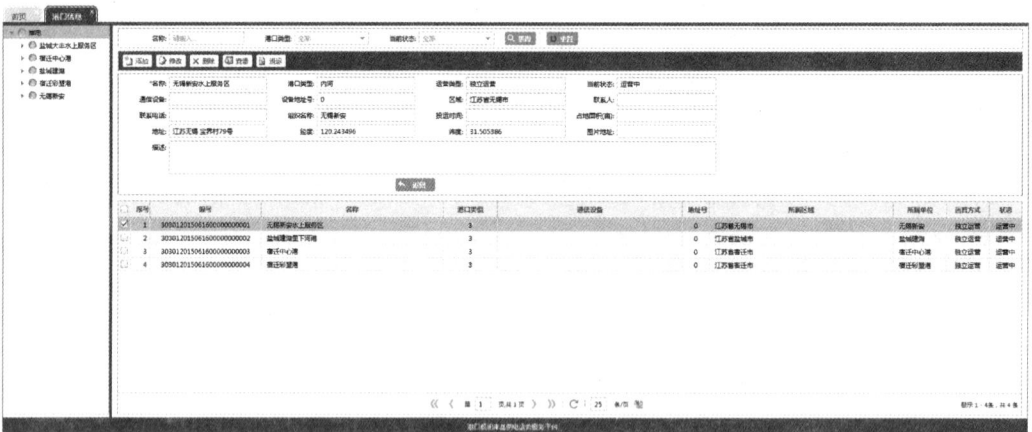

图 5-18　供电设施信息管理界面

2. 通信设施信息管理

进入通信设施信息管理界面，如图 5-19 所示，左侧显示该单位的组织机构，右侧显示该单位下的所有港口的通信设施。在左侧树中选中某个单位，列表中会显示出名称、生产厂家、型号、所属站、资产编号、投运日期、出厂日期、所属组织、备注等通信设备信息，可进行添加、修改、删除、查看、申请联调等操作。在表中选取要联调的通信设备，点击申请联调，页面弹出该单位的合同编号；选择合同编号，填写备注，点击"确认"发送申请联调，记录状态改变成申请联调。

3. 岸电桩信息管理

进入岸电桩信息管理界面，如图 5-20 所示，左侧显示该单位的组织机构，右侧显示该单位下的岸电桩信息。在左侧树中选中某个单位，列表中会显示出一个添加页面信息，包括名称、生产厂家、型号、港口、通信设备、设备型号地址、合同编号、资产编号、安装地址、经度、纬度、出厂日期、投运日期、允许预约、备注等信息，可进行添

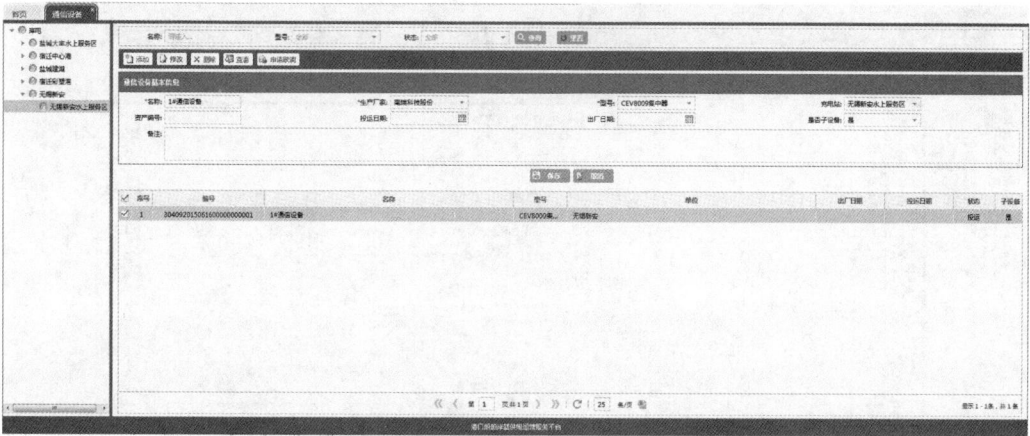

图 5-19 通信设施信息管理界面

加、修改、删除、查看等操作。

图 5-20 岸电桩信息管理界面

（七）统计分析

1. 供电设施统计

（1）按供电设施对供电记录进行统计分析，统计时间可选择常用的统计区间，也可以自由选择其他统计区间，如"按年""按月""按日"。

（2）按单位和港口统计供电电量和费用、日平均供电量和次数、平均单次供电时长和电量、岸电桩数量等内容。

（3）按时间统计供电电量和费用、供电时间和次数、日平均供电电量和次数、平均单次供电时长和电量等内容，不同统计图可按照 Tab 页面切换查看，如图 5-21 所示。

2. 报表管理

（1）报表配置。选择要配置报表查看权限的部门或者人员，此时模板配置按钮变为可用，然后选择相应的报表模板，单击"添加模板"按钮，即可将模板添加至右边表格

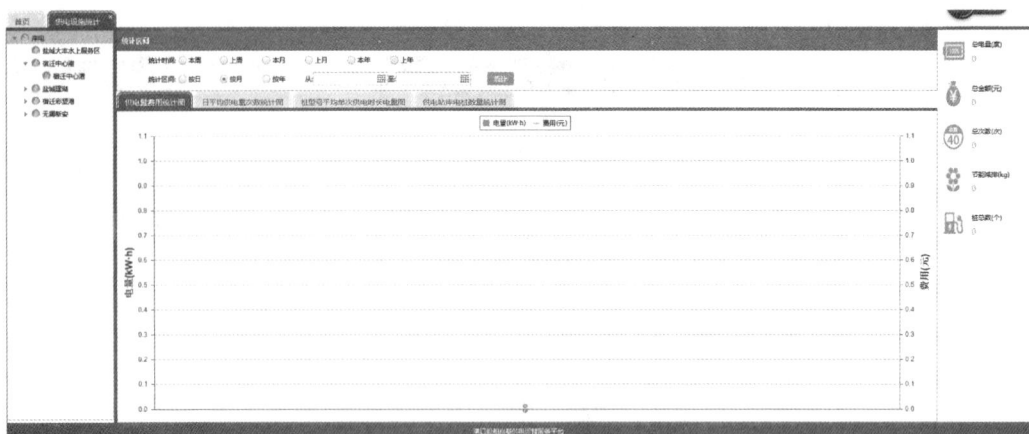

图 5-21　供电设备统计界面

中，在右边表格中双击对应列，可设置报表名称和报表生成时间，最后在报表查看页面，只有该部门或者该人员才可以查看此报表，如图 5-22 所示。

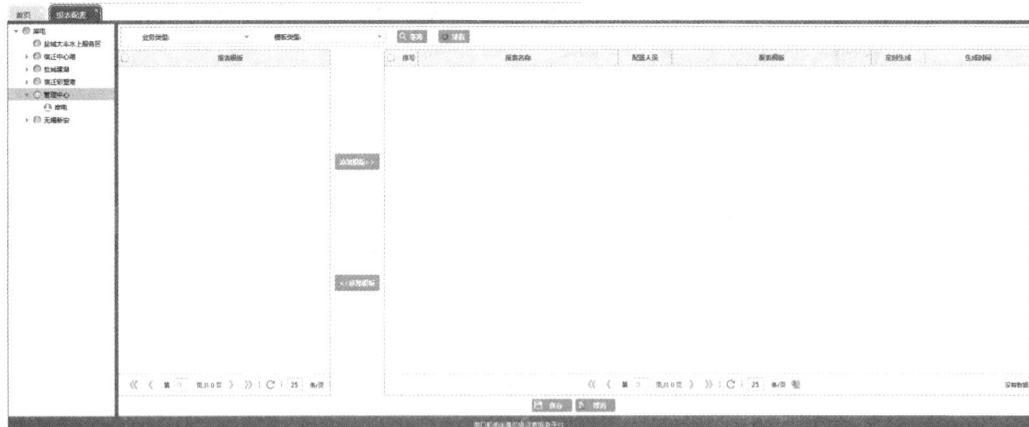

图 5-22　报表配置界面

（2）报表查看。先选择左边树的报表类型，表格中的报表生成记录即可按照报表类型过滤，找到自己想要查看的报表，勾选该记录左边的复选框，单击"下载"按钮即可下载该报表。如果报表生成不成功，单击"生成报表"按钮，即可重新生成该报表，如图 5-23 所示。

二、岸电船舶充电桩充电服务应用

以 CEV 系列交（直）流充电设备为例，其是国电南瑞完全按照国内最新技术标准自主研发的，代表了目前国内交（直）流充电设备技术的最高水平，应用了多项创新技术，实现岸电船舶充电桩之间的信息互通、资源共享、协调配合能力和整体自动化水平，为船舶充电安全、可靠、高效、经济运行提供技术保障。

岸电船舶交（直）流充电桩应具备较高的集成度，在满足充电功能的同时，集计量

图 5-23　报表查看界面

计费、远程通信、三防保护等功能于一体，并引入智能远程预约充电、二维码扫描控制等岸电船舶充电领域的最新技术，能够更好地与用户进行交互，通过智能引导、有序充电，为用户提供优质、便捷的充电服务。

（一）首页界面

首页界面如图 5-24 所示，界面包含三个按钮，分别对应支付卡查询、选择充电、支付卡解锁三个功能，界面正下方是该设备的资产编号以及资产编号的二维码。

点击"选择充电"按钮，如果设备与船舶已经完成连接，界面将跳转到支付方式选择界面，否则屏幕会提示用户请连接充电船舶，如图 5-25 所示。

图 5-24　首页界面

图 5-25　船舶连接信息

（二）支付方式选择界面

当用户选择充电后，屏幕会跳转到支付方式选择界面，如图 5-26 所示，用户可以选择四种支付方式：①充电卡支付方式；②二维码方式；③手机验证码方式；④账号密码方式。

1. 充电卡支付方式

屏幕会进入输入密码界面，用户需要输入支付卡密码并选择预设金额，如图 5-27 所示，输入密码之后点击"确定"，会进入刷卡界面，此时将卡片放在卡片感应区进行

123

刷卡，直到界面切换到设备检测界面即可拿开卡片，刷卡界面如图 5-28 所示，刷卡等待界面如图 5-29 所示。

图 5-26　支付方式

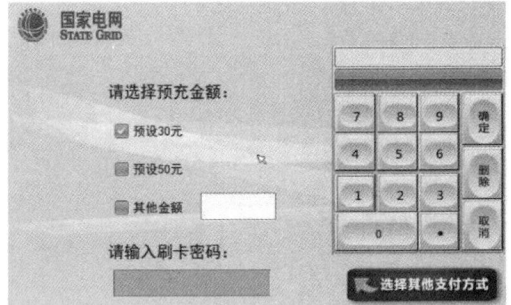

图 5-27　充值金额

图 5-28　刷卡界面

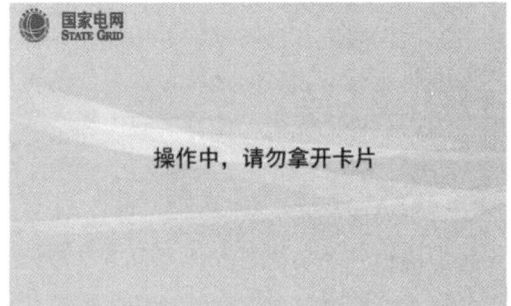

图 5-29　刷卡等待界面

图 5-30　输入验证码

2. 二维码支付方式

用户选择二维码支付方式后，先根据需要选择或者预设金额，点击"确定"后，屏幕会跳转到扫描二维码界面，如图 5-30 所示。用手机 App 进行扫码，若设备与后台通信正常，界面会自动跳转到设备检测界面；若未进行跳转，则说明设备在离线状态下，此时需要用户自己输入验证码进行充电。

3. 手机验证码支付方式

手机验证码支付方式只有在设备跟后台通信正常的情况下才会有效。用户选择手机验证码方式，会进入预设金额选择界面；选择金额后，会跳转到输入手机验证码界面，如图 5-31 所示；输入手机验证码和手机号，后台会进行验证，成功后会自动跳转到设备检测界面。

4. 账号密码支付方式

账号密码支付方式同样只有在设备与后台通信正常的情况下才有效，选择账号密码充电方式，会进入金额选择界面；选择金额后，会跳转到输入账号密码界面，如图 5-32 所示；输入账号和密码，后台会进行验证，成功后会跳转到设备检测界面。

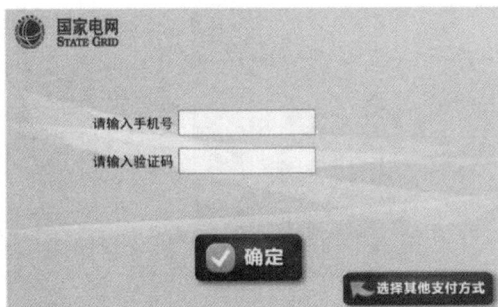

图 5-31　验证码

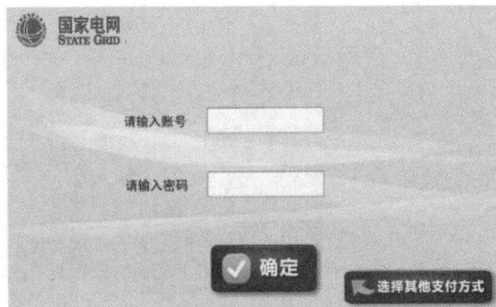

图 5-32　支付密码

（三）设备检测界面

用户确认支付方式后，设备将启动绝缘检测等自检功能，设备检测界面如图 5-33 所示。如果设备检测通过，屏幕将切换到充电监控界面；如果检测失败，设备会报故障。

图 5-33　检测提示

（四）充电监控界面

充电监控界面是充电开始后进入的界面，主要包括充电机信息的监控、电池信息的监控、充电机参数设置等。充电开始后，屏幕首先进入到充电监控界面，如图 5-34 所示，用户可以通过侧边栏菜单跳转切换到其他充电监控界面，如图 5-35～图 5-37 所示。

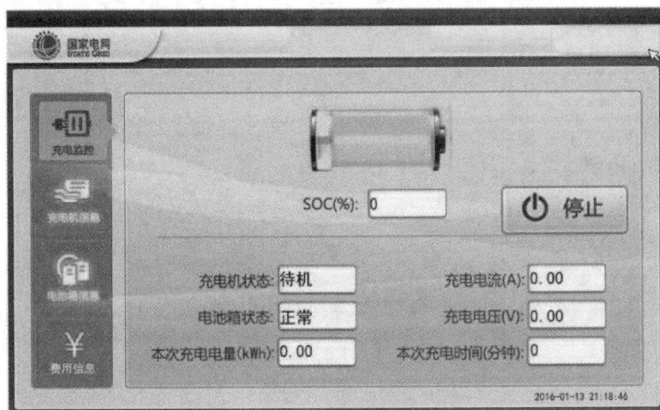

图 5-34　充电监控界面

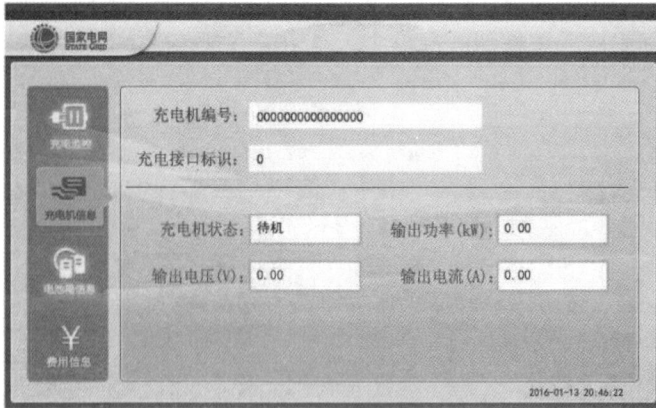

图 5-35　充电信息界面

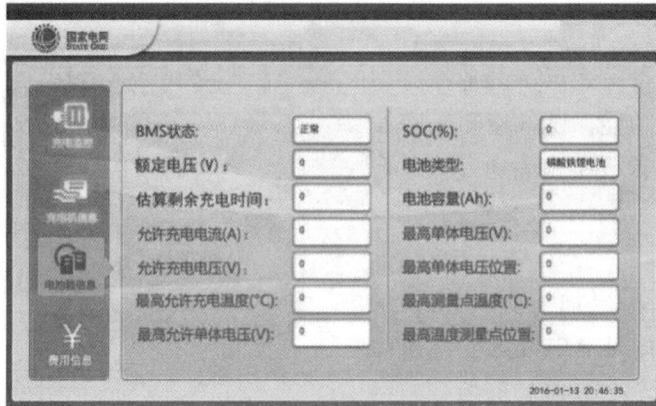

图 5-36　电池信息界面

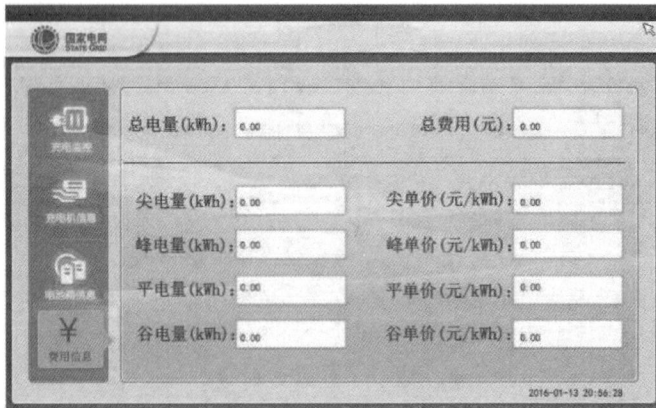

图 5-37　费用信息界面

当用户主动停止充电，以及系统因为满足充电停止条件而停止充电时，系统会弹出对话框提示用户充电结束，并请求用户结算，用户确认后会跳转到充电结束界面。

（五）充电结束界面

当充电结束，会根据用户之前选择的支付方式跳转到相应的界面。

（1）刷卡界面结算时用户需要再次刷卡，刷卡结算界面如图 5-38 所示。

（2）二维码充电结束时用户手机将收到结算验证码，二维码结算界面如图 5-39 所示。

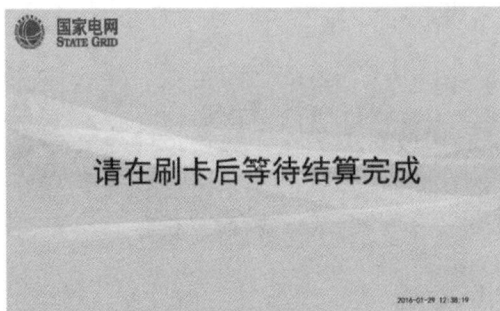

图 5-38　刷卡结算提示

图 5-39　结算成功信息

（3）手机验证码模式将跳转到验证码结算界面，如图 5-40 所示，用户将再次输入手机验证码进行结算。

（4）账号密码用户将跳转到账号结算界面，如图 5-41 所示，再次输入密码进行结算。

图 5-40　验证码结算

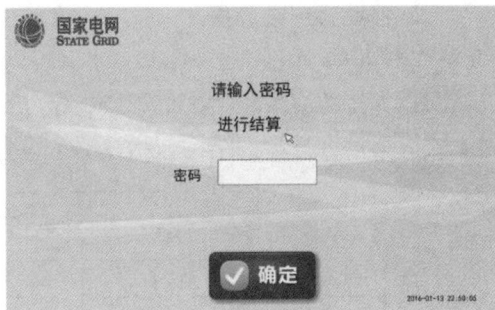

图 5-41　账号结算界面

在充电结束界面中，会显示充电结束时的 SOC、本次充电电量、本次充电时间、停机原因。停机原因包括充电正常结束、BMS 故障、充电机故障、与电能表通信故障、与 BMS 通信故障、与充电机通信故障。

当系统因为用户刷卡停止充电后，系统会弹出对话框告诉用户充电已结束，费用已结算完毕，用户确认后，会跳转到刷卡结算界面。

（六）结算信息界面

当用户结算后，屏幕会跳转到结算信息界面，如图 5-42 所示。本界面主要显示交易流水号、充电卡号、本次充电金额、卡内余额、交易流水号等。

（七）支付卡查询界面

在首界面点击"支付卡查询"按钮，屏幕会进入输入密码界面，刷卡验证密码过后显示卡片信息，如图 5-43 所示。

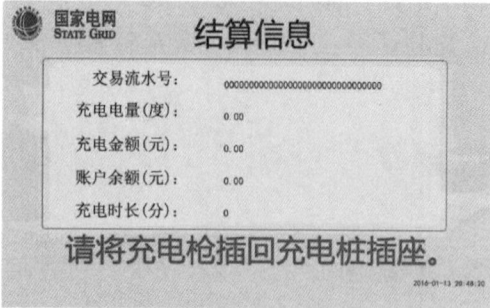

图 5-42　结算信息界面

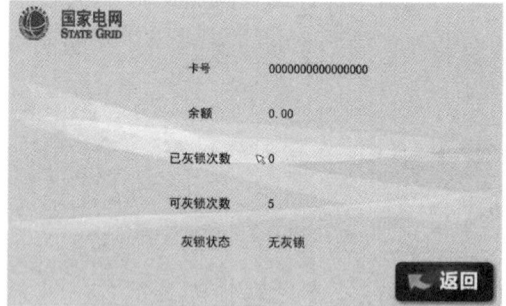

图 5-43　支付成功信息

（八）支付卡解锁界面

在首界面点击支付卡解灰按钮，屏幕会进入输入密码界面，刷卡验证密码过后，设备会对卡片进行解灰同时显示卡片灰锁信息，支付卡解灰界面。

（九）设备维修界面

在一次充电完成后，如果本次充电发生的故障会影响到下次用户充电操作，系统会跳转到设备维护界面。当该界面出现【设备暂停服务】显示时，需要联系管理员或厂家排除故障。

三、移动客户端应用

移动客户端通过基于 Android、IOS 等移动操作系统所开发的 App 以及微信公众服务访问，支持的终端包括手机、Pad 等，支持支付宝、微信、银联、个人钱包等多种支付方式。移动客户端的结构包括注册、设置、查找、供电、我的，如图 5-44 所示。

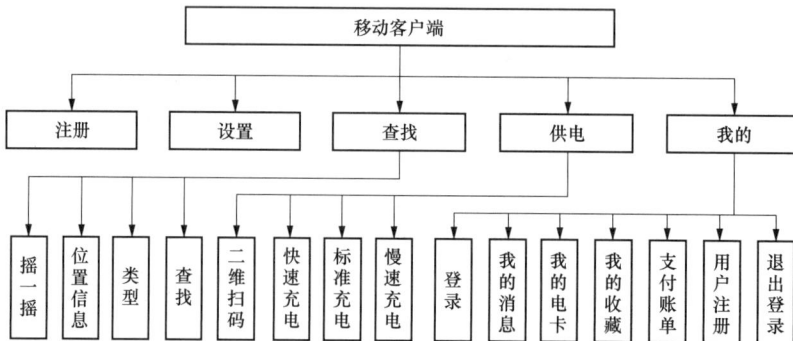

图 5-44　移动客户端结构图

（一）注册

手机安装完成后点击"我的"进入系统，如图 5-45、图 5-46 所示。新用户通过注册界面申请一个账号，如图 5-47 所示。注册成功后进入登录界面完成登录，如图 5-48 所示。

图 5-45　首页

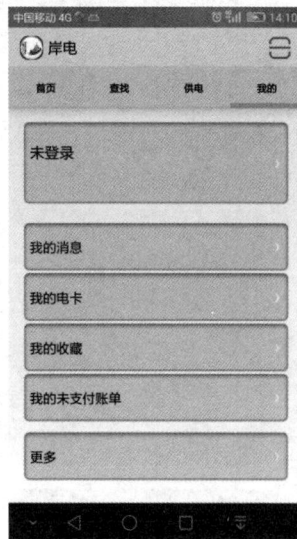

图 5-46　我的

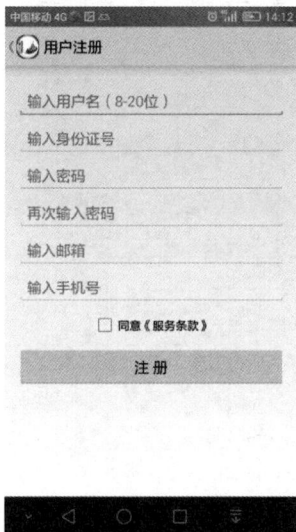

图 5-47　注册

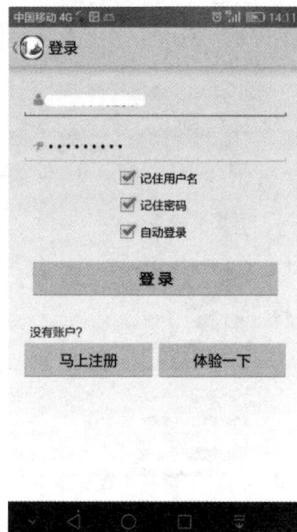

图 5-48　登录

（二）设置

点击"我的"图标，进入系统设置界面，点击"更多"选项，进入"系统参数设置"。用户可以设置首页的入口显示、系统的主题背景、默认的预约时长、服务器地址、默认信息查询间隔、默认实时数据查询间隔、默认查找半径，如图 5-49 所示。

（三）查找

进入查找页面，用户可以根据自己的需求设置查找的地点信息，预约开始供电的时间，预约供电的时长，按设施类型参数进行查找。

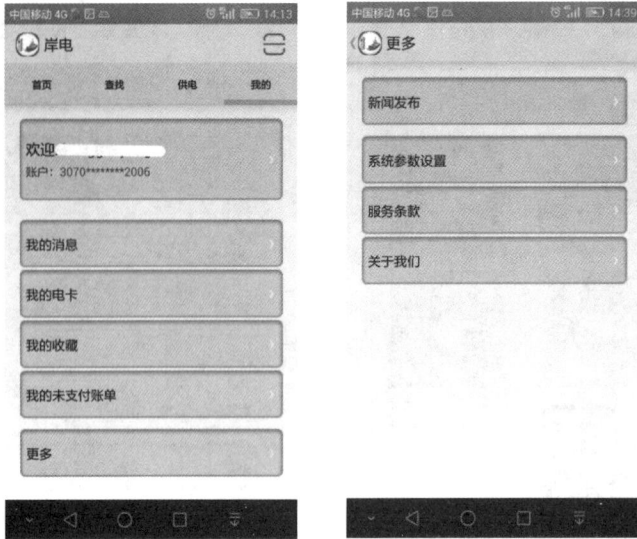

图 5-49　设置界面

（1）摇一摇搜附近：在"查找"界面可以通过摇一摇手机快速查找用户附件的供电设施，如图 5-50 所示。

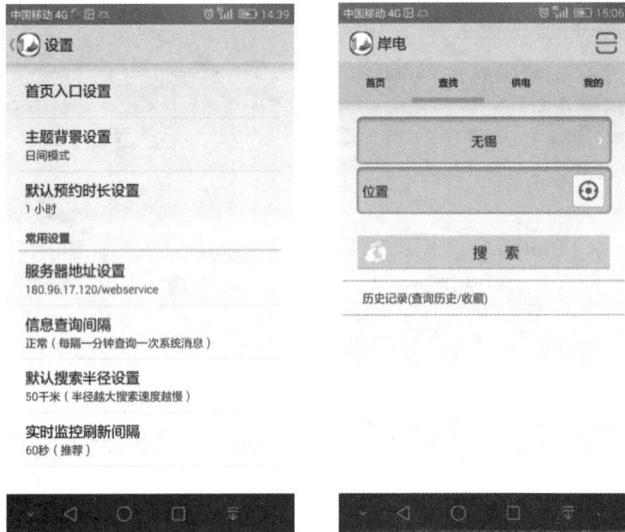

图 5-50　摇一摇

（2）位置信息设置：点击位置信息区域进入位置选择界面，用户可以设置某个指定的位置点为查找的中心，地图中图标的位置即是要查找的中心点。滑动左侧的控件可以实现搜索半径的设置。点击右上角的"确定"按钮后返回到查找界面，如图 5-51 所示。

地图上面的输入框实现地名搜索功能，输入查找区域的名称，点击搜索按钮实现地址查询，当查询到位置后自动切换到搜索目标地，如图 5-52 所示。如果没有搜索到，可以尝试输入完整的地址名称再试。

（3）类型选择：点击"快充""慢充"复选按钮能够根据设定的设施类型查找相应的设施，再点击"搜索"按钮系统将根据用户的设置查找可预约的供电设施，以包括站的名称、距离当前位置的距离（直线距离）、站地位置等内容的列表方式展示，如图5-53、图5-54所示。

图 5-51　位置选择

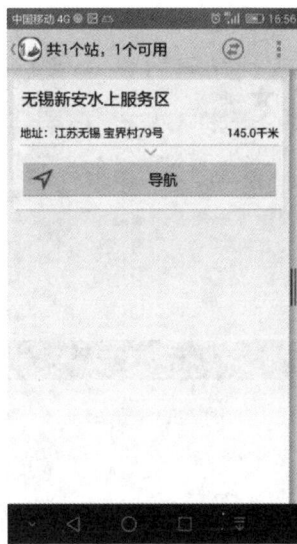

图 5-52　查找结果

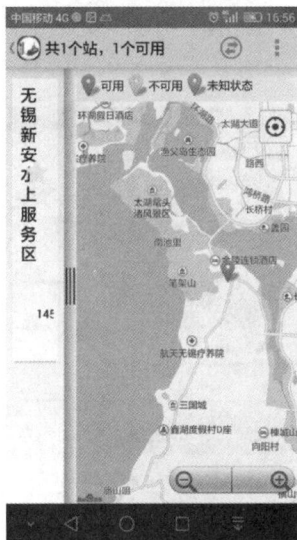

图 5-53　站地图

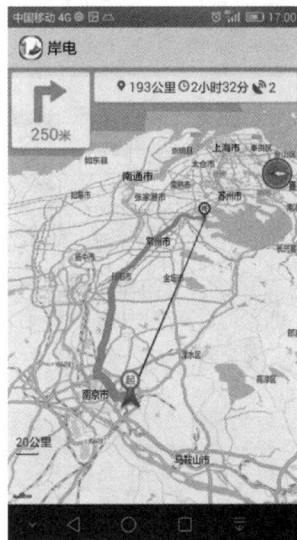

图 5-54　路径规划

点击右上角的切换图标将进入地图展示界面。点击地图上的站图标，会自动规划出用户当前位置到该港口的路线。点击每个列表中的更多按钮弹出更多选项框，提供用户"导航""收藏"选项，如图5-55所示。点击"详情"按钮进入站内供电设施查看界面，可以看到岸电桩状态及地址，并弹出"导航"选项，如图5-56所示。

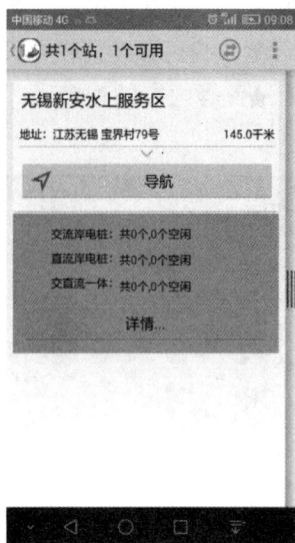

图 5-55　更多

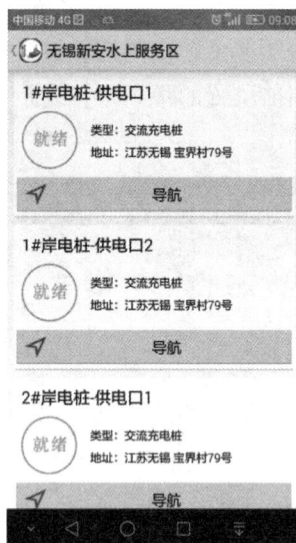

图 5-56　站详情

（四）供电

该界面提供供电监控功能，读取当前用户下的供电设施，查看供电参数、供电百分比、供电时长、电压、电流、电量、金额，如图 5-57 所示。

（1）供电开启：没有供电的情形下点击"开启"图标进入二维码扫描界面，扫描岸电桩上的二维码成功后，返回该界面，同时显示扫描出的桩名称和收藏按钮，如图 5-58 所示。

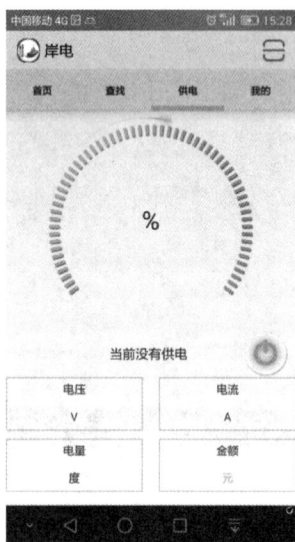

图 5-57　供电监控

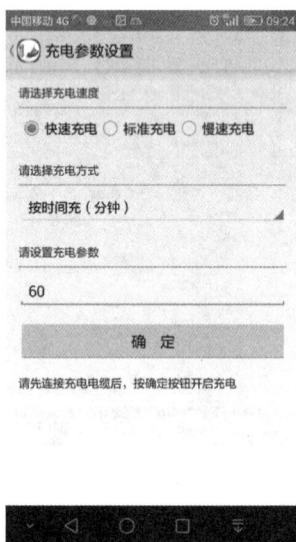

图 5-58　扫描成功

（2）供电参数设置：点击供电按钮进入供电设置界面，开启供电。可以设置供电速度和供电方式。供电速度包括快速供电、标准供电和慢速供电。供电方式包括充满为止、按电量充、按金额充、按时间充。选择按电量充、按金额充、按时间充的方式后输入对应的参数，点击"确定"按钮开启供电，如图 5-59 所示。

（3）停止供电：当有供电的情形下，点击"停止"图标 ⏻ 可以停止当前供电，如图 5-60 所示。

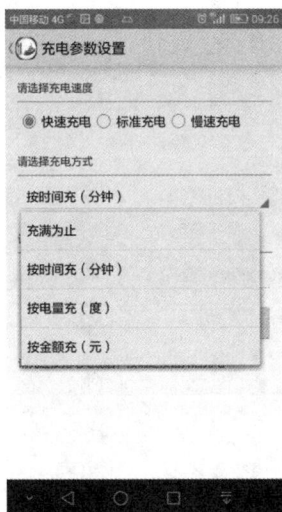

图 5-59　供电参数

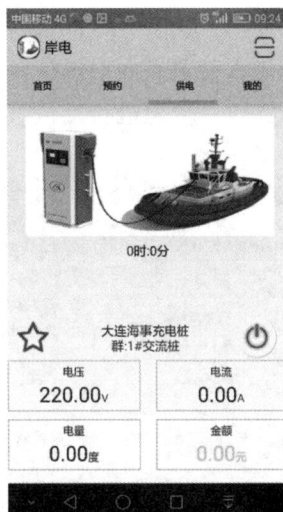

图 5-60　供电监控

（五）我的

展示用户信息，提供用户查看、登录、退出登录入口，主要包括我的消息、我的电卡、我的收藏和我的未支付账单等服务。

（1）我的信息：点击欢迎区域进入用户信息详情界面，点击"编辑"按钮进入用户信息编辑界面，如图 5-61 所示。可修改手机号，邮箱等，如图 5-62 所示。

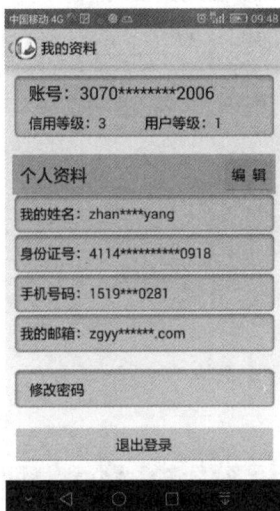

图 5-61　用户信息

图 5-62　用户信息

（2）我的消息：在我的界面点击"我的消息"区域将进入我的消息界面，如图 5-63 所示，点击消息右上角的 ⋮ 图标可以清空信息，点击信息区域可以展开详细信息。

（3）我的供电卡：进入我的供电卡界面，点击供电卡上的更多图标将弹出更多选项，可进行充值、充值记录查看、消费记录查看、取消默认和修改支付密码以及绑定新卡等操作，如图 5-64、图 5-65 所示。

（4）充值：进入充值界面后选择要充值的金额，点击"生成账单"按钮进入账单显示界面，点击"支付"按钮进行支付宝快捷支付，如图 5-66～图 5-70 所示。

图 5-63　我的消息

图 5-64　我的供电卡

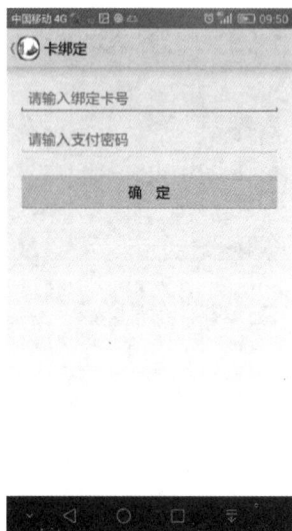

图 5-65　卡绑定

图 5-66　充值记录

图 5-67　消费记录

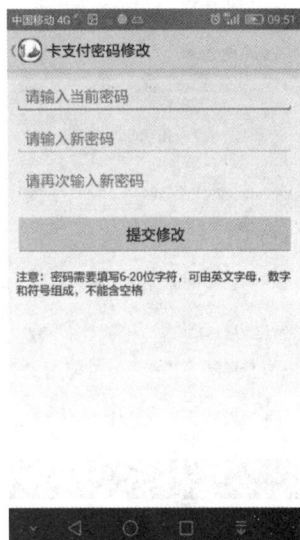

图 5-68　支付密码

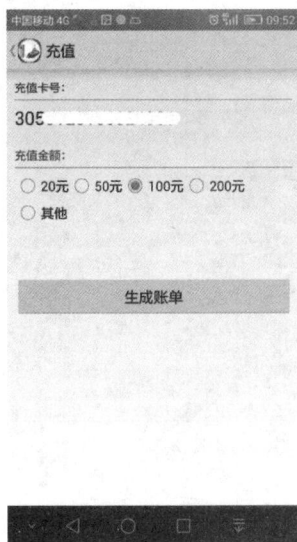

图 5-69　生成账单

图 5-70　充值

（5）我的收藏：进入我的收藏界面，点击导航选项进入路径规划界面，点击取消收藏选项可以取消该港口的收藏，如图 5-71 所示。

（6）未支付账单：点击我的界面，点击"未支付账单"按钮进入我的未支付账单，如图 5-72 所示。

图 5-71 我的收藏

图 5-72 未支付账单

第六章　内河港口岸电系统的运行维护

❀ 第一节　基　本　要　求

一、运行维护管理

（一）管理要求

（1）岸电系统供电设备应由设备产权单位进行管理，岸电系统岸电设备应由岸电设备运营企业进行管理。

（2）岸电设备的运行维护应保障用户和运营企业的合法权益，完善内河港口的运行维护管理，提升内河港口的服务质量。

（3）岸电设备的运行维护应建立、健全运行维护管理制度，明确岗位职责，制定现场规程、系统维护保养手册及事故应急预案，并定期修订。

（4）岸电设备的运行维护应遵循"预防为主，定期维护"的原则，及时发现和消除缺陷及隐患，保障运营维护安全。

（5）岸电设备的运行维护应采用大数据及"互联网＋"技术，分析和挖掘运营与维护数据，提升运营与维护服务水平。

（6）岸电设备的运行维护应由具备作业资格的岸电设施维修和保障能力的技术人员经培训后持证上岗。

（二）运行管理

（1）制定内河港口岸电系统运行操作流程，并确保所有投运的岸电设备在运行前完好。内河港口岸电系统运行操作流程如图 6-1 所示。

（2）做好岸电桩标识及维护工作。岸电桩设备应清晰标示设备使用说明、注意事项等。岸电桩应有明确的命名牌、引导牌、电价依据等标识。岸电桩应配置必要的消防设施，并符合国家相关规定。

（3）制定岸电设备巡视计划、设备缺陷及异常记录表，对巡视中发现的设备缺陷及异常及时上报管理负责人，并及时处理。设备缺陷及异常记录表见表 6-1。

制定岸电设备故障检修记录表，每次设备故障检修后均需要记录维护日志。岸电设备故障检修记录见表 6-2。

船舶抵达 → 岸上和船上安全检查 → 开通船岸通信 → 操作连接电缆管理系统 → 连接电缆插头 → 船舶允许启动岸电电源

船舶供电 → 关闭船上辅机 → 船上辅机逐步减少功率 → 接合岸电电源 → 船上辅机开启同步(或停电供电) → 启动岸电电源合上电源开关

船舶供电 → 开启船上辅机 → 船上辅机开启同步(或停电恢复供电) → 船上辅机逐步增加功率 → 开通船岸通信 → 船舶允许终止岸电电源

船舶离开 → 操作连接电缆管理系统 → 解开电缆插头 → 岸上和船上安全检查 → 停止岸电电源打开电源开关

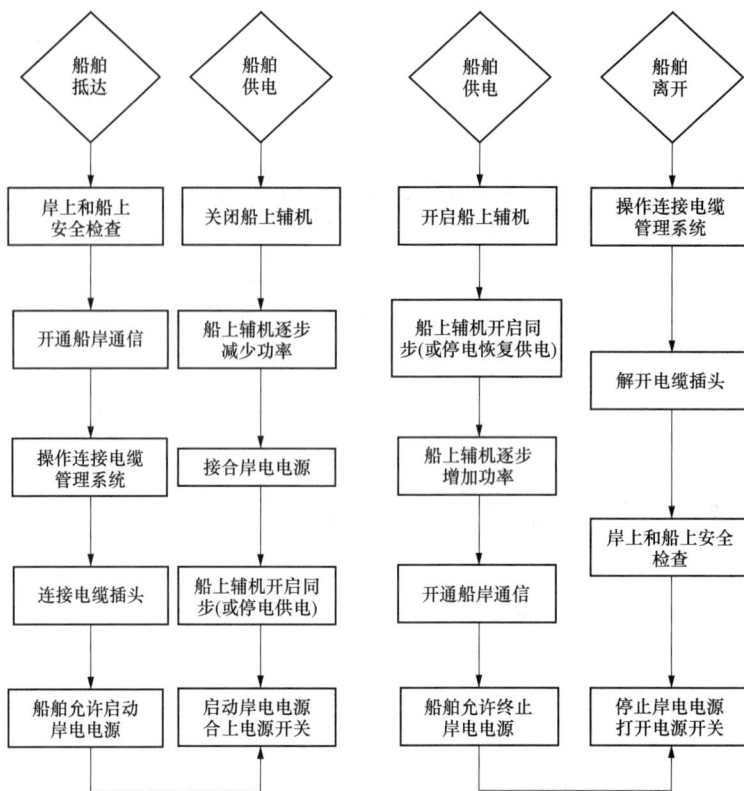

图 6-1 内河港口岸电系统运行操作流程图

表 6-1 设备缺陷及异常记录表

序号	设备名称	巡视时间	缺陷及异常内容

表 6-2 设备故障检修记录表

设备名称：		型号：
工作地点：		检修时间：
运行情况	（正常运行技术参数；其他运行情况）	

续表

设备名称：		型号：
工作地点：		检修时间：
故障及排除情况	（故障发生时间；故障部位及情况描述；排除方法及其效果）	
维护保养情况	（维护保养原因、部位、内容、预算、验收及成本情况等）	

维修人签字：

（三）应急管理

1. 应急预案管理

（1）运营企业应针对内河港口岸电系统运行情况做好典型应急预案，制定各类设备防灾、事故、异常等的处理预案。应急预案应根据岸电系统状况及设备的动态变化等情况及时修订，不断完善。

（2）定期组织反事故演练，在岸电系统用电高峰负荷期间、特殊方式运行期间等，可增加针对性应急预案演习次数。事故预案演习应符合岸电系统实际情况，检验应急预案、岸电系统薄弱环节的应对措施和应急响应速度。

（3）应确保现场的应急物资配备充足。

2. 应急抢修管理

（1）运营企业应建立岸电设备应急抢修快速响应机制，明确应急抢修指挥、人员、工具、物资、通信、车辆等方面工作内容和要求。

（2）应急抢修必须按"统一指挥，统一调度"的原则进行。有条件的由运营企业派遣人员驻点值守，以提高抢修工作效率。

（3）建立应急抢修信息即时报告制度，规范对社会、媒体的信息传送渠道。

（4）配置应急抢修工器具、照明设施、通信工具和抢修车辆，设专人负责保管，定期维护、检查，使之处于完好可用状态。

3. 事故分析

（1）事故发生后应及时对事故发生的原因进行总结和分析。

（2）及时制定事故整改意见和防范措施，形成经验教训和知识体系。

二、运行维护资料

（一）一般要求

运行维护资料管理是内河港口岸电系统运行维护管理的基础，运营企业应积极应用各类信息化手段，进一步加强运行资料管理，确保资料的及时性、准确性、完整性、唯一性，减轻维护工作量。运营企业应统一各类资料的格式与管理流程，实现规范化与标准化。

（二）供电设备运行维护资料

（1）系统图、单线图；

（2）杆位图，电缆路径图；

（3）线路、设备参数等台账记录；

（4）竣工（中间）验收记录和设备技术资料；

（5）设计资料图纸、变更设计的证明文件和电气一次、二次及配套工程的竣工图纸；

（6）设备的合格证、出厂试验报告、用户使用手册；

（7）接地电阻测量记录，测温记录；

（8）系统调试报告、安装使用与维护说明书；

（9）系统设备设置参数定值单；

（10）经签字确认的交接验收报告；

（11）巡视手册、检修记录；

（12）缺陷及处理记录；

（13）故障及处理记录；

（14）运行分析记录；

（15）线路、设备更改（异动）记录及通知单；

（16）其他相关资料。

（三）岸电设备运行维护资料

（1）岸电设备及备品备件详细清单；

（2）岸电设备的合格证、出厂试验报告、用户使用手册；

（3）岸电系统调试报告、安装使用与维护说明书等；

（4）岸电系统电气一次、二次及配套工程的竣工图纸；

（5）岸电系统设备设置参数定值单；

（6）经签字确认的交接验收报告；

（7）其他相关资料。

⚓ 第二节　内河港口岸电系统的运行

一、岸电系统首次运行条件

（一）首次投运

新建、改建、扩建的内河港口岸电系统的首次投运应符合以下条件：

（1）内河港口岸电系统验收合格后方可投入使用。

（2）岸电设备运营企业应取得岸电设备运行维护需要的全部资料。

（3）内河港口岸电系统运行维护工作人员应经相关培训及考试合格后到岗。

（二）例行使用

内河港口岸电系统例行使用时应符合以下条件：

（1）港口岸电系统运行前，运行操作人员应检查系统各部分及其附属设备的状态、系统带电运行条件，确认各部分设备控制系统自检正常、保护已投入、旁路开关设备处于分闸位置、各部分设备输入及输出侧开关设备处于闭合位置、远方操作画面显示状态正常等，并确认外部无异物且临时接地线已拆除。

（2）港口岸电系统运行设备发生异常或故障时，值班员应立即报告相关负责人。若发生人身触电、设备爆炸起火时，值班人员可先切断电源进行抢救和处理，然后报告相关负责人。

二、准备工作

（一）船方

船舶接入岸电系统前船方准备工作如下：

船舶首次接入岸电系统（第一次接入该岸电系统，或曾接入过该岸电系统但船载负荷容量发生变化），应提前将船舶受电设备检验合格证明等相关文件及受电设备技术参数提供给岸电设备运营方，明确受电船舶的名称、联络方式、供电电压、频率、接电点位置和受电设备用电负荷、波动负荷等信息，填写港口岸电连接申请表并提交岸电设备运营方。港口岸电系统连接申请表见表6-3。

表 6-3　　　　　　　　　　　　　港口岸电系统连接申请表

申请日期/DateSubmitted		申请时间/Time Submitted	
船公司/Ship Company		船名/Ship Name	
船舶国际海事组织编号/Ship IMO No.		船次/FlightNumber	
停靠泊位号/Berth No.		停靠码头/Terminal	
接电/Connection HVSC 日期/Date（mm/dd/yy） 时间/Time（0000-2359）		断电/Disconnection HVSC 日期/Date（mm/dd/yy） 时间/Time（0000-2359）	
供电电压/Supply Voltage			
供电频率/Supply Frequency			
用电负荷/Electric Load			

波动负荷/Fluctuating Load	
接电点位置/Contact Point Location	
停靠船舶是否曾成功连接过该岸电系统？/Has the ship successfully connected to shore power（HVSC connection）at the port previously?	是/否（Yes/No）
特殊需求/Special Requests	
船方签字/Ship Signature	
联系方式/Contact Information	

（1）易旗、易号或更名但曾接入过该岸电系统的船舶，再次接入该岸电系统前应向供电方报备相关变更信息。如果船载负荷容量未发生变化，则不视为首次接入。

（2）应确保船舶配电设备处于完好状态，检查并确认受电船舶的电缆接口与待接入岸电系统的岸电接电箱接口匹配。

（3）应确保电缆回收装置、进出线柜、同期并网装置等船载设备处于正常工作状态。

（二）岸电设备运营企业

船舶接入岸电系统前岸电设备运营企业（又称供电方）应做如下准备工作：

（1）供电方应根据船方提供的船舶相关信息进行连接前兼容性评估，根据评估结果对岸电系统相关参数进行设置和整定。

（2）船舶靠泊后，岸电系统运行操作人员应与船方具有相应资质的电气设备操作人员进行相关资料的现场交接（首次接入的船舶应提供船方规定的全部资料，非首次接入的船舶应核对供电方留存的船舶资料），双方确定船载负荷接入岸电系统方案，并再次确认双方电气设备的技术参数、技术条件和注意事项，填写岸电供电记录表，并签字确认。岸电供电系统数据记录表见表6-4。

表 6-4　　　　　　　　　　岸电供电系统数据记录表

编号：_____

船名		航次	
停靠泊位			
靠泊日期/时间		离泊日期/时间	
供电电压			
供电频率			
供电相序			
供电开始时间			
岸基供电设备开始供电计量表读数	有功电表		
	无功电表		
船方签名		港方签名	
供电停止时间			

岸基供电设备结束 供电计量表读数	有功电表	
	无功电表	
船方签名		港方签名

备注：

船方联系人：　　　　　　　　　　　　联系方式：

港方联系人：　　　　　　　　　　　　联系方式：

（3）对于低压供电上船的船舶，供电方宜配备专用工器具和起吊设备，便于将电缆送至船舶。

（4）供电方应负责填写港口岸电供电工作票。岸电供电工作票格式见表 6-5。

表 6-5　　　　　　　　　　　　岸电供电工作票格式

岸电供电工作票

编号：_____

1. 负责人_____

2. 工作班组及人员_____共_____人

3. 泊位_____

4. 工作任务

工作地点或地段	工作内容

5. 计划工作时间

自_____年_____月_____日_____时_____分至_____年_____月_____日_____时_____分

6. 注意事项_____

_____

7. 确认负责人布置的任务和本次供电的安全措施，工作班组人员签名_____

_____

8. 工作票延期

有效期延长到_____年_____月_____日_____时_____分

负责人签名_____年_____月_____日_____时_____分

9. 工作票终结

全部工作于_____年_____月_____日_____时_____分结束，工作人员已全部撤离，材料工具已清理完毕。

10. 备注_____

_____

负责人签名_____　　　　　　　　　_____年_____月_____日_____时_____分

工作班组长签名_____　　　　　　　_____年_____月_____日_____时_____分

三、连接、供电及断电作业

船舶接入岸电系统的连接、供电及断电操作应符合以下要求：

（1）船舶在进行岸电供电连接操作之前，应确保船舶已经完成系泊。

（2）船方申报的船载波动负荷，经供电方同意后方可接入岸电系统。

（3）在供电过程中，供电方应实时监控送电情况。

（4）在供电过程中，供电方应保证岸电接电箱周围环境不影响供电电缆的连接，并设置好警示区域，高压电源供电期间船岸连接设备处应安排值守人员，保障供电过程的安全。

（5）低压供电上船的船舶应符合以下要求：

1）连接。

（a）供电方人员接到供电工作票后，按照供电方制定的岸电供电工作程序进行操作。

（b）由供电方提供低压供电电缆的，供电方负责将上船电缆吊至船上，船方负责固定电缆并将插头插入插座内。

（c）由船方提供低压供电电缆的，供电方负责将电缆放至岸上，供电方负责固定电缆并将插头插入插座内。

（d）岸上应预留适当长度的电缆余量。

2）供电。

（a）供电方、船方确认具备供电条件，供电方启动安全警示装置。船方收到"准备就绪"指示信号后，接通岸电供电设备主电源。

（b）供电方、船方应校核相序。

（c）根据岸电供电工作程序，按断电切换方式或带电切换方式启动岸电供电系统，完成供电操作。

（d）供电期间，供电方人员每隔 2h 应对船舶岸电供电系统进行巡视，并做好记录。岸电供电系统巡视记录表格式见表 6-6。

表 6-6   岸电供电系统巡视记录表

编号：   日期：

巡视时间	巡视人	巡视项目								
		高压电压	高压电流	低压电压	低压电流	频率	变压器温度	有功电表读数	无功电表读数	电缆及接电装置情况

续表

巡视时间	巡视人	巡视项目								
		高压电压	高压电流	低压电压	低压电流	频率	变压器温度	有功电表读数	无功电表读数	电缆及接电装置情况

3）离港断电。

（a）停止船舶岸电供电前，船方应书面通知供电方，双方确认后，供电方切断船舶岸电供电系统电源。

（b）供电方、船方应确认供电电能表的记录数据，并在岸电供电系统数据记录表上签字确认。岸电供电系统数据记录表格式见表6-4。

（c）供电方确认岸基供电系统停止供电后，通知船方；由供电方提供低压上船电缆的，船方负责解除电缆连接，供电方负责回收电缆。

（d）供电方、船方按要求将各自的船舶岸基供电、受电设备收起，做好防护。

🚢 第三节　内河港口岸电系统的维护

一、系统维护总体要求

港口岸电系统的维护包括日常巡视检查和特殊巡视检查，应符合以下要求：

（1）检修、试验与验收工作应符合使用与运行维护说明书等相关规定。

（2）运行维护人员应配备相应的劳动保护用品和安全工器具等。

（3）岸电系统中的高压危险装置运行维护时应注意高压、高温危害。

（4）岸电系统设备运行维护前应确保系统断电，并对待检设备验电后采取可靠的接地措施。运行维护人员接触电路板或功率器件时，应采取防静电措施。

二、配电设备维护

（一）配电变压器

1. 技术要求

（1）变压器长期工作负载率不宜大于85%。

（2）在变压器上方进行电气焊等安装工作时，应对变压器进行防护，并不得踩踏变压器中的易碎、易裂部件。

（3）干式变压器就位后应加强保护，防止铁件进入绕组内，不得敲击或重压绕组。

（4）在变压器投运之前，运行操作人员应仔细检查，确认变压器及其保护装置状态良好，具备带电运行条件。应确保外部无异物，临时接地线已拆除，分接开关位置正确，各阀门开闭正确。变压器在低温投运时，应防止呼吸器因结冰而堵塞。

（5）长期停运的变压器应定期充电，容量630kVA及以上者，每半年至少充电一次；容量 630kVA 以下者，每年至少充电一次。

（6）变压器投运和停运的操作程序应在现场规程中规定。

2. 投运与停运

（1）在投运变压器之前，值班人员应仔细检查，确认变压器及其保护装置在良好状态，具备带电运行条件。并注意外部有无异物，临时接地线是否已拆除，分接开关位置是否正确，各阀门开闭是否正确。变压器在低温投运时，应防止呼吸器因结冰被堵。

（2）备用变压器应随时可以投入运行。长期停运者应定期充电，同时投入冷却装置。对于强油循环变压器，充电后不带负载或带较轻负载运行时，应轮流投入部分冷却器，其数量不超过制造厂规定空载时的运行台数。

（3）变压器投运与停运的操作程序应在现场规程中规定，变压器的充电应在有保护装置的电源侧用断路器操作，停运时应先停负载侧，后停电源侧。

（4）新投运的变压器应按下列规定进行检查：

1）接于中性点接地系统的变压器在进行冲击合闸时，其中性点必须接地。

2）变压器第一次投入时，可全电压冲击合闸，如有条件时应从零起升压，冲击合闸时变压器宜由高压侧投入。对发电机变压器组接线的变压器，当发电机与变压器间无操作断开点时，可不做全电压冲击合闸。

3）变压器应进行五次空载全电压冲击合闸，应无异常情况，第一次受电后持续时间不应少于 10min，励磁涌流不应引起保护装置的误动。

4）变压器并列前应先核对相位。

5）带电后，检查变压器本体及附件所有焊缝和连接面，不应有渗油现象。

6）更换绕组后的变压器参照执行，其冲击合闸次数为 3 次。

（5）新安装和大修后的变压器应严格按照有关标准或厂家规定真空注油和热油循环，真空度、抽真空时间、注油速度及热油循环时间、温度均应达到要求。对有载分接开关的油箱应同时按照相同要求抽真空。装有密封胶囊或隔膜的大容量变压器，必须严格按照制造厂说明书规定的工艺要求进行注油，防止空气进入，并结合大修或停电对胶囊和隔膜的完好性进行检查。

（6）干式变压器在停运和保管期间应防止受潮。

3. 维护与检修

（1）变压器的日常巡视检查每两周至少进行一次，每月至少进行一次夜间巡视；特殊情况下应增加巡视次数。特殊巡视情况应符合配电变压器运行规程的如下规定：

1）新设备或经过检修、改造的变压器在投运 72h 内；

2）有严重缺陷时；

3）气象突变（如大风、大雾、大雪、冰雹、寒潮等）时；

4）雷雨季节特别是雷雨后；

5）高温季节、高峰负载期间；

6）节假日、重大活动期间；

7）变压器急救负载运行时。

（2）变压器的日常巡检包括以下各项：

1）检查标志牌名称、编号；

2）检查变压器声响、外壳及箱体温度；

3）检查冷却装置运转情况；

4）检查套管外部的破损裂纹、油污、放电痕迹及其他异常现象；

5）检查引线接头、母线的发热情况，导线、接头、母线上应无异物；

6）检查压力释放阀的状态；

7）检查分接开关的分接位置；

8）检查各控制箱和二次端子箱的受潮情况，驱潮装置的投入情况，吸湿器、吸附剂的状态；

9）检查变压器外壳接地情况；

10）检查消防设施；

11）现场规程中根据现场情况补充的其他项目。

（3）变压器的试验周期、项目和要求，以及检修后的验收均应符合 DL/T 573《电力变压器检修导则》和 DL/T 596《电力设备预防性试验规程》的规定。

4．验收与测试

新装变压器的验收应符合设备使用说明书的规定和以下要求：

（1）变压器在试运行前应进行全面检查，确认其符合运行条件时方可投入试运行。检查项目应包含以下内容和要求：

1）本体、冷却装置及所有附件应无缺陷，且不渗油；

2）设备上应无遗留杂物；

3）事故排油设施应完好，消防设施齐全；

4）本体与附件上的所有阀门位置核对正确；

5）变压器本体应两点接地，中性点接地引出后，应有两根接地引线与主接地网的不同干线连接，其规格应满足设计要求；

6）铁芯和夹件的接地引出套管、套管的末屏接地应符合产品技术文件的要求，电流互感器备用二次线圈端子应短接接地，套管顶部结构的接触及密封应符合产品技术文件的要求；

7）储油柜和充油套管的油位应正常；

8）分接头的位置应符合运行要求，且指示位置正确，变压器的相位及绕组的接线组别应符合并列运行要求；

9）测温装置指示应正确，整定值符合要求；

10）冷却装置应试运行正常，联动正确，强迫油循环的变压器、电抗器应启动全部冷却装置，循环 4h 以上并应排完残留空气；

11）变压器的全部电气试验应合格，保护装置整定值应符合规定，操作及联动试验应正确。

（2）局部放电测量前、后本体绝缘油色谱试验比对结果应合格。

（3）变压器试运行时应按下列规定项目进行检查：

1）中性点接地系统的变压器在进行冲击合闸时，其中性点必须接地。

2）变压器第一次投入时可全电压冲击合闸，冲击合闸时，变压器宜由高压侧投入。对发电机变压器组接线的变压器，当发电机与变压器间无操作断开点时，可不做全电压冲击合闸，只做零起升压。

3）变压器应进行5次空载全电压冲击合闸，应无异常情况，第一次受电后持续时间不应少于10min，全电压冲击合闸时，其励磁涌流不应引起保护装置动作。

4）变压器并列前，应核对相位。

5）带电后，检查变压器本体及附件所有焊缝和连接面，不应有渗油现象。

（4）在验收时，应移交下列资料和文件：

1）安装技术记录、器身检查记录、干燥记录、质量检验及评定资料、电气交接试验报告等；

2）施工图纸及设计变更说明文件；

3）制造厂的产品说明书、试验记录、合格证件及安装图纸等技术文件；

4）备品、备件、专用工具及测试仪器清单。

5．异常情况处理

（1）值班人员在变压器运行中发现异常现象时，应立即上报，做好记录，并设法及时消除。

（2）变压器有下列情况之一时，应立即停用：

1）变压器声响明显增大，内部有爆裂声；

2）变压器冒烟着火；

3）套管有严重的破损和放电现象；

4）变压器附近的设备着火、爆炸或发生其他情况，对变压器构成严重威胁；

5）发生其他危及变压器安全的故障，而变压器的有关保护装置拒动；

6）干式变压器温度突升至120℃及以上。

（二）箱式变电站

1．技术要求

（1）基础部分。

1）基础完整、无裂缝，地沟内清洁、无积水，通风孔洞通风良好；

2）金属部分有无锈蚀，接地良好。

（2）箱体部分。

1）外壳无锈蚀、变形及较大缝隙；

2）雨雪天气检查箱变内应无渗水、漏水、冻霜现象；

3）潮湿天气、凝露时加热设备能正常工作；

4）箱变外部保持整洁无粘贴物，箱变门锁完好且配置完整；

5）箱变外壳粘贴夜间防撞荧光警示标志；

6）箱体接地及铭牌完好，箱变内照明运行正常；

7）箱变内工器具、安全用具、消防用具齐备、完好。

（3）高压设备部分。

1）断路器、隔离开关名称、编号应正确；

2）断路器、隔离开关的位置指示及标示应正确；

3）肘型电缆接头接触紧密完好；

4）避雷器清洁无损坏、无放电现象；

5）带电指示器及短路故障指示器指示正确；

6）高压室箱门关闭严密；

7）高压进出线电缆孔洞应封堵严密。

（4）低压设备部分。

1）各种表计均应指示正常；

2）各开关分合闸指示及标示应正确；

3）低压空气开关布局合理，应无碰触裸露导体部分的可能；

4）各低压空气开关上相应的标示数据应完整、正确；

5）机械联锁装置完整可靠；

6）低压室箱门关闭严密；

7）电缆进出孔洞封堵严密；

8）电缆均挂电缆牌，且电缆牌上数据详尽、正确，各低压空气开关、电缆连接处无发热、放电现象；

9）低压无功补偿装置正常；

10）电缆、隔离开关、断路器、电流互感器等元件接线正确、清晰，标志齐全。

（5）变压器部分。

1）变压器各部件接点接触良好，无过热变色、烧熔现象，示温片无熔化脱落现象；

2）变压器套管清洁，无裂纹、击穿、烧损和严重污秽，瓷套裙边损伤面积不应超过 $100mm^2$；

3）变压器油温、油色、油面正常，无异声、异味，在正常情况下，上层油温不超过 85℃，最高不得超过 95℃；

4）各部位密封圈（垫）无老化、开裂，缝隙无渗、漏油现象，配变外壳无脱漆、锈蚀，焊口无裂纹、渗油；

5）有载调压配变分接开关指示位置正确；

6）呼吸器正常、无堵塞，硅胶无变色现象，如有绝缘罩应检查齐全完好，全密封变压器的压力释放装置完好；

7）变压器无异常的声音，不存在重载、超载现象，低压三相电流平衡；

8）各种标志齐全、清晰，铭牌及其警告牌和编号等其他标识完好；

9）温度控制器（如有）显示异常，巡视中应对温控装置进行自动和手动切换，观察风扇启停正常等；

10）变压器外壳接地、中性点接地、防雷接地的接地完好。

2. 维护与检修

(1) 箱变的日常巡视检查，每两周至少进行一次，每月至少进行一次夜间巡视。

(2) 负荷高峰巡检时，应加强对箱变内各连接点和设备本体温度进行巡视检查，还要检查变压器油温、油位是否正常，无渗漏油现象。

(3) 巡视检查箱变应随手关门，防止小动物进入。

(4) 雷电时，禁止巡检箱变。

(5) 巡视检查一定要到位，并对箱变内每台设备、周围环境要认真、全面、细致检查。

(6) 巡检过程中应及时做好记录，将发现的缺陷按缺陷类别、内容、所在位置及发现的时间详细记录在缺陷记录本内，以便对缺陷进行处理。

3. 异常情况处理

(1) 值班人员在箱变运行中发现异常现象时，应立即上报，做好记录，并设法及时消除。

(2) 箱变有下列情况之一时，应立即停止运行：

1) 箱变基础下沉影响设备安全运行；

2) 箱体部分有严重漏水现象，箱变外壳严重锈蚀；

3) "五防"装置出现故障，箱变无防火措施；

4) 接地引下线严重锈蚀（大于截面直径或厚度的30%），接地引下线出现断开、断裂；

5) 设备的各部件（开关、互感器、避雷器、绝缘子等）表面有严重放电痕迹或破损，开关位置指示相反或无指示，开关存在严重放电声音，电气连接处实测温度大于90℃或相间温差大于40K，分合闸线圈无法正常运行，二次回路脱线、断线，熔丝联跳装置不能使负荷开关跳闸；

6) 低压母线温度异常，电气连接处实测温度大于90℃或相间温差大于40K，各部件（开关、互感器、避雷器、绝缘子等）表面有严重放电痕迹，开关位置指示相反或无指示，开关分合闸线圈无法正常运行，各部件（开关、互感器、避雷器、绝缘子、熔断器等）有严重破损，避雷器连接不可靠或短时即有脱落可能，二次回路脱线、断线，熔断器熔丝熔断；

7) 变压器的高、低压套管严重破损，高、低压套管有严重放电痕迹，线夹与设备连接平面出现缝隙、螺丝明显脱出、引线随时可能脱出、线夹破损断裂严重、有脱落的可能、对引线无法形成紧固作用，导线接头连接截面损失达25%以上，电气连接处实测温度大于90℃或相间温差大于40K，分接开关机构卡涩、无法操作，配变油箱漏油（滴油）、油位不可见，压力释放阀防爆膜破损。

（三）变频装置维护

1. 技术要求

(1) 柜体与地线连接完整，变频装置各部位接地良好。

(2) 变频装置高压进出电缆连接正确，移相变压器与功率柜间所有连线正确、紧固。

（3）变频装置所有参数设置正确，保护功能完善。

（4）变频装置输入、输出开关设备操作灵活、接触良好，机械、电气互锁有效。

（5）变频装置输入和输出电压、电流、频率显示正确，各种状态指示正常，无报警信号。

（6）变频装置检验试验结果应符合出厂试验报告等相关规定。

（7）外壳防护等级应符合如下规定：

1）放置于码头前沿的岸电接电箱防护等级不应低于 IP56；

2）放置于港口的集装箱式高压岸电电源，箱体防护等级不应低于 IP55；

3）放置于室内或集装箱内部的设备，防护等级不应低于 IP20。

2. 维护与检修

（1）变频装置应定期巡检、记录运行参数，系统正常运行期间应每天巡检一次，系统停运期间应至少每周巡检一次。

（2）变频装置日常巡检应包括以下各项：

1）检查标志牌名称、编号；

2）检查高压变频装置所处环境的温度、湿度、有害气体、烟雾和空气粉尘等；

3）检查装置面板显示、仪表指示状态；

4）检查冷却系统运行状态；

5）检查通风过滤网堵塞情况；

6）检查变频装置及其附属设备运行温度，以及变色、变形、异味、异常振动、异常噪声、放电火花等情况；

7）检查消防设施；

8）现场规程中根据现场情况补充的其他项目。

（3）遇下列情况，应对变频装置进行特殊巡视检查：

1）新设备，以及经过检修、改造或长期停运后重新投入使用的变频装置在投运72h 内；

2）设备有严重缺陷或经受外部近区短路冲击后；

3）船舶受电设备用电负荷超过变频装置容量80％时；

4）设备运行期间出现异常现象；

5）变频装置应定期维护与试验，运行过程中如有异常情况（温度、噪声、不平衡度、频率等异常）可适当增加试验次数。

3. 异常情况处理

（1）当变频装置发出告警信号时，值班人员应到变频装置处就地检查，调取报警数据，分析判断故障点，及时采取相应的措施，防止故障进一步扩大而导致变频装置跳闸；当变频装置发出故障跳闸信号时，值班人员应立即做出评估并及时采取相应的措施，防止故障进一步扩大；值班人员应记录事故信号以及事故当时各表计变化的情况、保护动作等信息，并及时通知检修维护人员对变频装置进行检查处理。

（2）当发现有危及变频装置设备安全的事件而保护控制装置未动作时，值班人员应立即将变频装置停运，断开高压电源和控制电源。

（3）当发现变频装置内部冒烟、有异常的爆裂声响等不正常现象时，应立即将变频装置停运，断开高压电源和控制电源；如设备着火，应迅速采取灭火措施，防止火势蔓延。

（四）开关柜

港口岸电系统开关柜的维护与检修符合以下要求：

（1）开关柜的维护与检修工作宜在室内开展，根据开关柜厂家提供的说明书参考图样、参考零部件号，使用专用设备和工具等对开关柜进行维修。

（2）新装和检修后的高压开关柜，在投运前宜有运行人员参加验收工作。交接验收包括：

1）装配符合制造厂的图样和说明书；

2）断路器及其紧固件、流体系统和控制装置；

3）外绝缘以及（适用时的）内绝缘；

4）油漆和其他防腐保护完好；

5）操动机构，尤其是动作脱扣器应没有污损；

6）足够和完整的接地连接以及和变电站接地系统连接的接口；

7）应记录发送时动作计数器的数字；

8）记录所有现场试验完成后动作计数器的数字；

9）记录第一次送电时动作计数器的数字。

（3）开关柜的检修维护周期为一年两次，大修周期为三年一次，或符合设备使用说明书的规定。

（4）日常巡视检查为每天一次，无人值班的场所每周一次。

（5）开关柜设备日常巡检应包括以下各项：

1）检查标志牌名称、编号；

2）检查开关柜外观，应无异音、过热、变形等异常；

3）检查表计指示状态；

4）检查操作方式、切换开关位置，操作把手及闭锁位置；

5）检查高压带电显示装置指示状态；

6）检查开关位置指示器指示状态；

7）检查小车开关位置。

（6）现场规程中根据现场情况补充的其他项目。

（五）配电箱（柜）

1. 技术要求

（1）配电柜（箱）安装牢固、无锈蚀，接地可靠，悬挂式配电箱对地距离满足要求。

（2）柜（箱）内设备无异响、异味，无过热、烟雾、结露、严重积灰等现象。

（3）低压进出线的电气距离符合要求，安装牢固，进出管口封堵严密。

（4）仪表、信号灯指示正常。

（5）开关设备的操作部件无损坏，部件完整，抽屉闭锁装置完好。

（6）二次配线连接牢固、整齐，设备接线编码齐全、准确、清晰，导线无露芯、绝缘无损坏。

（7）电容器无胀鼓膨胀、变形、锈蚀、漏油等现象；瓷件无破损、闪络痕迹，接头无过热现象，接地良好。

（8）联络开关的机械和电气闭锁装置完好。

（9）箱内无异常振动及声响，电气距离、操作间隔满足运行要求。

（10）电气绝缘良好，导线无明显老化、露芯等现象。

（11）相关运行资料完整、齐全，投运时间、生产日期等记录与实际相符。

（12）标识、标牌齐全、清晰。

（13）各处封印齐全完好。

2. 维护与检修

（1）配电柜（箱）的定期巡视周期为每月一次。

（2）负荷高峰巡检时，应加强对配电柜（箱）内各连接点和设备本体温度的巡视检查。

（3）巡视检查配电柜（箱）应随手关门。

（4）雷电时，禁止巡检配电柜（箱）。

（5）巡视工作最重要的是工作质量，巡视检查一定要到位，并对配电柜（箱）内每台设备、周围环境要认真、全面、细致检查。

（6）巡检完毕后，要做好运行工作记录和设备缺陷记录，应将发现的缺陷，按缺陷类别、内容、所在位置及发现的时间，详细记录在缺陷记录本内，以便对缺陷进行处理。

3. 异常情况处理

（1）值班人员在配电柜（箱）运行中发现异常现象时，应立即上报，做好记录，并设法及时消除。

（2）配电柜（箱）有下列情况之一时，应立即停用检修：

1）配电柜（箱）脱落，悬挂式配电箱下沿对地距离小于 1.0m；

2）母线温度异常，电气连接处实测温度大于 90℃或相间温差大于 40K；

3）配电柜（箱）内各部件（开关、互感器、避雷器、绝缘子等）表面有严重放电痕迹；

4）开关位置指示相反，或无指示；

5）开关分合闸线圈无法正常运行；

6）配电柜（箱）内各部件（开关、互感器、避雷器、绝缘子、熔断器等）有严重破损；

7）避雷器连接不可靠，短时即有脱落可能；

8）二次回路脱线、断线；

9）熔断器熔丝熔断；

10）"五防"装置出现故障；

11）接地引下线严重锈蚀（大于截面直径或厚度30％）；

12）接地引下线出现断开、断裂。

三、电缆线路维护

（一）电缆线路通道

1. 技术要求

（1）电缆路径周边无挖掘、打桩、拉管、顶管等施工迹象，检查路径沿线各种标识标志齐全。

（2）电缆通道上方无违章建筑物，无堆置可燃物、杂物、重物、腐蚀物等。

（3）地面无存在沉降。

（4）电缆工作井盖无丢失、破损、被掩埋。

（5）电缆沟盖板齐全完整并排列紧密。

（6）其他无影响电缆线路安全的情况。

2. 维护与检修

（1）电缆线路通道的定期巡视周期为每月一次，根据配电网运行规程的规定通道巡视不得延长。

（2）正常巡视时巡视人员应穿绝缘鞋；雨雪、大风天气或事故巡线，巡视人员应穿绝缘靴或绝缘鞋。

（3）巡检中发现设备接地或放电时，室内人员应距离接地点4m以外，室外人员应距离接地点8m以外；并迅速报告调度控制中心和上级，等候处理；处理前应防止人员接近故障点，以免跨步电压伤人。

（4）雨季汛期应加强对电缆通道的巡视检查，防止雨水冲刷对线路的影响。

（5）雷电时，禁止巡检。

（6）地震、台风、洪水、泥石流等灾害发生时，禁止巡检灾害现场。

（7）巡视检查一定要到位，并对线路周围环境认真、全面、细致检查。

（8）巡检完毕后，应将发现的缺陷，按缺陷类别、内容、所在位置及发现的时间，详细记录在缺陷记录本内，以便对缺陷进行处理和考核。

3. 异常情况处理

（1）值班人员在电缆线路通道运行中发现异常现象时，应立即上报，做好记录，并设法及时消除。

（2）电缆线路通道有下列情况之一时，应立即对电缆线路停运检修：

1）施工危及电缆线路安全；

2）土壤流失造成排管包方开裂、工井、沟体等墙体开裂甚至凌空的；

3）电缆工作井盖、电缆沟盖板等丢失。

（二）电缆线路上构筑物

1. 技术要求

（1）电缆工作井盖无丢失、破损、被掩埋。

（2）电缆沟盖板齐全完整并排列紧密。

（3）隧道进出口设施完好，巡视和检修通道畅通，沿线通风口完好。

（4）电缆井、管、沟、隧道等结构本体无形变，支架、爬梯、楼梯等附属设施及标识、标志完好。

（5）电缆井、管、沟、隧道等不存在火灾、坍塌、盗窃、积水等隐患。

（6）电缆井、管、沟、隧道等不存在温度超标、通风不良、杂物堆积等缺陷，缆线孔洞的封堵完好。

（7）电缆井、管、沟、隧道等电缆固定金具齐全，隧道内接地箱、交叉互联箱的固定、外观情况良好。

（8）电缆井、管、沟、隧道等机械通风、照明、排水、消防、通信、监控、测温等系统或设备运行正常，不存在隐患和缺陷。

（9）电缆井、管、沟、隧道等测量并记录氧气和可燃、有害气体的成分和含量未超标。

（10）不存在未经批准的穿管施工。

2. 维护与检修

（1）电缆线路上的电缆沟、电缆排管、电缆井、电缆隧道、电缆桥梁、电缆架应每月巡视一次。

（2）正常巡视时巡视人员应穿绝缘鞋；雨雪、大风天气或事故巡线，巡视人员应穿绝缘靴或绝缘鞋。

（3）巡检中发现设备接地时，室内人员应距离接地点4m以外，室外人员应距离接地点8m以外；并迅速报告调度控制中心和上级，等候处理。处理前应防止人员接近接地点，以免跨步电压伤人。

（4）进出电缆构筑物时，应随手关门或封堵，防止小动物进入。

（5）每年汛期来临之前，应对电缆构筑物进行一次排水系统检查，自动排水装置应运转正常。

（6）巡视检查一定要到位，并对每个部位和周围环境认真、全面、细致检查。

（7）巡检完毕后，应将发现的缺陷按缺陷类别、内容、所在位置及发现的时间详细记录在缺陷记录本内，以便对缺陷进行处理和考核。

3. 异常情况处理

（1）值班人员在电缆线路上构筑物运行中发现异常现象时，应立即上报，做好记录，并设法及时消除。

（2）电缆线路上构筑物有下列情况之一时，应立即对电缆线路停运检修：

1）电缆井、电缆管沟基础有严重破损、下沉，造成井盖压在电缆本体、接头或者配套辅助设施上；

2）电缆井井盖缺失；

3）电缆井井内有可燃气体。

（三）电缆分支箱

1. 技术要求

（1）基础无损坏、下沉，周围土壤无挖掘或沉陷，电缆无外露，固定螺栓无松动。

（2）壳体无锈蚀损坏，外壳油漆无剥落，内装式铰链门开合灵活，接地良好。

（3）箱内无进水，无小动物、杂物、灰尘。

（4）电缆搭头接触良好，无发热、氧化、变色现象，电缆搭头相间和对壳体、地面距离符合要求。

（5）无异常声音或气味。

（6）箱内其他设备运行良好。

（7）名称、铭牌、警告标识、一次接线图等清晰、正确。

（8）箱体内电缆进出线牌号与对侧端标牌对应，电缆命名牌齐全，肘头相色齐全。

（9）电缆洞封口严密，箱内底部填沙与基座齐平。

2. 维护与检修

（1）电缆分支箱的巡视周期为每月一次。

（2）正常巡视时巡视人员应穿绝缘鞋；雨雪、大风天气或事故巡线，巡视人员应穿绝缘靴或绝缘鞋。

（3）巡检中发现电缆分支箱接地时，室内人员应距离接地点 4m 以外，室外人员应距离接地点 8m 以外；并迅速报告调度控制中心和上级，等候处理。处理前应防止人员接近接地点，以免跨步电压伤人。

（4）负荷高峰时，应加强对电缆分支箱内设备各连接点和设备本体温度进行巡视检查，该项目可用红外线测温仪进行检查。

（5）电缆分支箱巡检应由两人进行。

（6）雷电时，禁止巡检。

（7）巡检时不得擅自移动安全围栏，或擅自改变设备运行状态。

（8）巡检电缆分支箱完毕，应随手关门。

（9）巡视检查一定要到位，并对每台设备、周围环境要认真、全面、细致检查。

（10）巡检完毕后，应将发现的缺陷按缺陷类别、内容、所在位置及发现的时间详细记录在缺陷记录本内，以便对缺陷进行处理。

3. 异常情况处理

（1）值班人员在电缆分支箱运行中发现异常现象时，应立即上报，做好记录，并设法及时消除。

（2）电缆分支箱有下列情况之一时，应立即对电缆线路停运检修：

1）母线温度异常，电气连接处实测温度大于 90℃或相间温差大于 40K；

2）"五防"装置出现故障；

3）分支箱无防火措施；

4）接地引下线严重锈蚀（大于截面直径或厚度30%）；

5）接地引下线出现断开、断裂。

（四）电缆

1．技术要求

（1）电缆线路的标识、编号齐全、清晰。

（2）电缆线路排列整齐规范，按电压等级的高低从下向上分层排列；通信光缆与电力电缆同沟时采取有效的隔离措施。

（3）电缆外皮层直观良好，电缆无扭曲变形。

（4）电缆本体上无堆积物、酸碱性等化学腐蚀，无白蚁或鼠害。

（5）电缆无过负荷、过热、变形等现象。

（6）电缆线路防火措施完备。

2．维护与检修

（1）电缆线路的巡视周期为每月一次；如需延长，必须按设备定级情况动态调整。

（2）正常巡视时巡视人员应穿绝缘鞋；雨雪、大风天气或事故巡线，巡视人员应穿绝缘靴或绝缘鞋。

（3）巡检中发现紧急缺陷时，应立即汇报并采取必要的紧急措施，防止事态扩大。

（4）夏季高温、高峰负荷时，应加强对电缆本体温度的检查。

（5）雷电时，禁止巡检电缆线路。

（6）巡检时不得擅自移动安全围栏，或擅自改变设备运行状态。

（7）巡检人员进入沟、井、隧道巡视电缆时，应装设遮栏，设专人监护，防止人员及行人跌入造成伤害。

（8）进入电缆隧道巡检时，隧道内部必须具备有效的安全照明、通风、防火、排水、标示牌等基本保证措施；巡检前通风不少于15min，防止人员窒息或中毒。

（9）巡视检查一定要到位，并对电缆本体、周围环境要认真、全面、细致检查。

（10）巡检完毕后，应将发现的缺陷按缺陷类别、内容、所在位置及发现的时间详细记录在缺陷记录本内，以便对缺陷进行处理。

3．异常情况处理

（1）值班人员在电缆运行中发现异常现象时，应立即上报，做好记录，并设法及时消除。

（2）电缆耐压试验前后，主绝缘电阻值严重下降，无法继续运行，应立即对电缆线路停运检修。

（五）电缆终端头

1．技术要求

（1）连接部位良好，无过热现象。

（2）电缆终端头和支持绝缘子的瓷件或硅橡胶伞裙套无脏污、损伤、裂纹和闪络痕迹。

（3）电缆终端头和避雷器固定牢固。

（4）电缆上杆部分保护管及其封口完整。

（5）电缆终端无放电现象。

（6）交联电缆终端热缩、冷缩或预制件无开裂、积灰、电蚀或放电痕迹。

（7）相色清晰齐全。

（8）接地良好。

2．维护与检修

（1）电缆终端头与电缆线路的巡视周期相同，巡视周期为每3个月一次。

（2）正常巡视时巡视人员应穿绝缘鞋；雨雪、大风天气或事故巡线，巡视人员应穿绝缘靴或绝缘鞋。

（3）巡检中发现电缆终端头放电等紧急缺陷时，应立即汇报并采取必要的紧急措施，防止事态扩大。

（4）夏季高温、高负荷时，应加强对电缆终端头和连接处的温度检查。

（5）雨季、大雾和沙尘天气，应加强对电缆终端头本体绝缘检查。

（6）巡视检查一定要全面、细致、到位。

（7）巡检完毕后，应将发现的缺陷按缺陷类别、内容、所在位置及发现的时间详细记录在缺陷记录本内，以便对缺陷进行处理。

3．异常情况处理

（1）值班人员在电缆终端头运行中发现异常现象时，应立即上报，做好记录，并设法及时消除。

（2）电缆终端头有下列情况之一时，应立即对电缆线路停运检修：

1）电气连接处实测温度大于90℃或相间温差大于40K；

2）电缆终端严重破损；

3）电缆终端表面有严重放电痕迹。

四、船岸连接和接口设备维护

（一）一般要求

（1）岸电接电箱的检修和验收工作应符合设备使用说明书和港口岸电设备技术规范的规定。

（2）岸电接电箱严禁带电插拔电缆。

（二）维护与检修

（1）岸电接电箱日常巡视检查周期为系统运行期间每两周一次，系统停运期间每月一次。

（2）岸电接电箱日常巡检应包括以下各项：

1）检查标志牌名称、编号；

2）检查岸电接电箱外观，无异音、过热、变形等异常；

3）检查岸电接电箱进线密封头状态，内部应无进水；

4）检查岸电接电箱指示灯指示状态；

5）检查插座外盖以及掀起把手导槽的锈蚀情况；

6）检查机械连锁钥匙内部的锈蚀情况；

7）检查机械连锁钥匙插销孔的锈蚀情况；

8）检查岸电接电箱所在位置的积水情况；

9）现场规程中根据现场情况补充的其他项目。

（3）岸电接电箱的检修周期为一年一次，大修周期为五年一次，或符合设备使用说明书的规定。

五、岸电计量系统维护

（一）一般要求

（1）应按使用说明书规定的条件、操作程序和注意事项操作电能计量系统，使用过程中若发现有异常现象，应立即停用，及时向上级汇报并做好记录。

（2）电能计量检定员应持证上岗，并使用标准电能表开展计量检定工作。

（二）维护与检修

港口岸电系统电能计量装置维护及检验应符合电能计量装置技术管理规程的规定。

1. 运行档案管理

（1）电能计量技术机构应用计算机对投运的电能计量装置建立运行档案，实施对运行电能计量装置的管理并实现与相关专业的信息共享。

（2）运行档案应有可靠的备份和用于长期保存的措施，并能方便地进行分用户类别、分计量方式和按计量器具分类的查询统计。

（3）电能计量装置运行档案应包含以下内容：

1）互感器的型号、规格、厂家、安装日期，二次回路连接导线或电缆的型号、规格、长度，电能表型号、规格、等级及套数，电能计量柜（箱）的型号、厂家、安装地点等；

2）Ⅰ、Ⅱ类电能计量装置的原理接线图和工程竣工图；

3）Ⅰ、Ⅱ类电能计量装置投运的时间及历次改造的内容、时间；

4）安装、轮换的电能计量器具型号、规格等内容及轮换的时间；

5）历次现场检验误差数据；

6）故障情况记录等。

2. 运行维护及故障处理

（1）电能计量装置由运行人员负责监护，保证其封印完好，不受人为损坏。

（2）当发现电能计量装置故障时，应及时通知电能计量技术机构进行处理。贸易结算用电能计量装置故障，应由供电企业的电能计量技术机构依照《中华人民共和国电力法》及其配套法规的有关规定进行处理。

（3）岸电计量技术机构对发生的计量故障应及时处理，对造成的电量差错应认真调查、认定，分清责任，提出防范措施，并根据有关规定进行差错电量的计算。

（4）对于窃电行为造成的计量装置故障或电量差错，用电管理人员应注意对窃电事实的依法取证，应当场对窃电事实写出书面认定材料，由窃电方责任人签字认可。

3. 现场检验

（1）电能计量技术机构应制定电能计量装置的现场检验管理制度，编制并实施年、季、月度现场检验计划。现场检验应执行 SD 109《电能计量装置检验规程》的有关规定；现场检验应严格遵守《电业安全工作规程》的有关规定。

（2）现场检验用标准器准确度等级至少应比被检品高两个准确度等级，其他指示仪表的准确度等级应不低于 0.5 级，量限应配置合理。电能表现场检验标准应至少每三个月在试验室比对一次。

（3）现场检验电能表应采用标准电能表法，利用光电采样控制或被试表所发电信号控制开展检验。宜使用可测量电压、电流、相位和带有错接线判别功能的电能表现场检验仪，现场检验仪应有数据存储和通信功能。

（4）现场检验时不允许打开电能表罩壳和现场调整电能表误差。当现场检验电能表误差超过电能表准确度等级值时，应在 3 个工作日内更换。

（5）新投运或改造后的Ⅰ、Ⅱ、Ⅲ、Ⅳ类高压电能计量装置应在 1 个月内进行首次现场检验。

（6）Ⅰ类电能表至少每 3 个月现场检验一次；Ⅱ类电能表至少每 6 个月现场检验一次；Ⅲ类电能表至少每年现场检验一次。

（7）高压互感器每 10 年现场检验一次，当现场检验互感器误差超差时，应查明原因，制定更换或改造计划，尽快解决，时间不得超过下一次主设备检修完成日期。

（8）运行中的电压互感器二次回路电压降应定期进行检验。当二次回路负荷超过互感器额定二次负荷或二次回路电压降超差时应及时查明原因，并在一个月内处理。

（9）运行中的低压电流互感器宜在电能表轮换时进行变比、二次回路及其负载检查。

（10）现场检验数据应及时存入计算机管理档案，并应用计算机对电能表历次现场检验数据进行分析，以考核其变化趋势。

4. 周期检定（轮换）与抽检

（1）电能计量技术机构应根据电能表运行档案、规程规定的轮换周期、抽样方案和地理区域、工作量情况等，应用计算机制定出每年（月）电能表的轮换和抽检计划。

（2）运行中的Ⅰ、Ⅱ、Ⅲ类电能表的轮换周期一般为 3～4 年；运行中的Ⅳ类电能表的轮换周期为 4～6 年。但对同一厂家、型号的静止式电能表，可按上述轮换周期，到周期抽检 10%。

（3）对所有轮换拆回的Ⅰ～Ⅳ类电能表应抽取其总量的 5%～10%（不少于 50 只）进行修调前检验，且每年统计合格率。

（4）Ⅰ、Ⅱ类电能表的修调前检验合格率为 100%；Ⅲ类电能表的修调前检验合格率应不低于 98%；Ⅳ类电能表的修调前检验合格率应不低于 95%。

（5）运行中的Ⅴ类电能表，从装出第 6 年起，每年应进行分批抽样，做修调前检验，以确定整批表是否继续运行。

（6）低压电流互感器从运行的第 20 年起，每年应抽取 10% 进行轮换和检定，统计合格率应不低于 98%，否则应加倍抽取、检定、统计合格率，直至全部轮换。

（7）对安装了主、副电能表的电能计量装置，主、副电能表应有明确标志，运行中主、副电能表不得随意调换，对主、副电能表的现场检验和周期检定要求相同。两只表记录的电量应同时抄录。当主、副电能表所计电量之差与主表所计电量的相对误差小于电能表准确度等级值的 1.5 倍时，以主电能表所计电量作为贸易结算的电量；否则应对主、副电能表进行现场检验，只要主电能表不超差，仍以其所计电量为准；主电能表超差而副电能表不超差时才以副电能表所计电量为准；两者都超差时，以主电能表的误差计算退补电量，并及时更换超差表计。

六、监控系统维护

（一）巡检

（1）港口岸电系统运行期间，监控系统日常巡检维护周期为每周一次；港口岸电系统停运期间，监控系统巡检维护周期为每月一次。

（2）监控系统的巡检应包括以下各项：

1）检查监控系统各设备工作状态；

2）检查监控系统网络运行状态；

3）检查监控系统内部通信以及系统与外部通信状况；

4）检查实时数据刷新、事件、报警功能；

5）检查监控系统时钟及各设备的时钟同步情况；

6）检查监控系统电源部分的输入电压、输出电压、输出电流等参数；

7）检查报表生成与打印、报警及事件打印、拷屏等功能；

8）检查操作系统、数据库运行状况；

9）检查历史数据库备份装置工作状态及磁盘空间裕量；

10）检查计算机设备 CPU 负荷率、内存使用情况、应用程序进程或服务的状态；

11）现场规程中根据现场情况补充的其他项目。

（二）维护

（1）监控系统账户、密码、网络、数据库、程序备份、历史数据备份、系统安全防护等应有专人管理。

（2）所有账户及其口令的书面备份及程序备份、历史数据备份应妥善保存，以备紧急情况下使用。

（3）对监控系统所做的维护、缺陷处理、技术改进等工作应进行书面记录。

（4）对监控系统软件的修改，应制定相应的技术方案。修改后的软件应经过模拟测试和现场试验，合格后方可投入正式运行。实施软件改进前，应对当前运行的应用软件进行备份并做好记录。

（5）改进实施完成后，应做好最新应用软件的备份，及时更新软件功能手册以及相关运行手册。

（6）遇有硬件设备需要更换时，应使用经通电老化处理检验合格后的备件。

（7）更换硬件设备时，应采取防设备误动、防静电措施，做好相关记录，并更新台账。

七、辅助设施维护

(一) 消防系统

(1) 检查消防系统主要部件外观,应无机械性损伤变形,表面和保护涂层完好、无锈蚀,铭牌清晰,铅封和安全标志完整。

(2) 检查灭火剂储瓶压力及各类消防器材摆放位置。

(3) 检查灭火报警装置运行状态,变频装置、变压器等设备的消防设施运行状态。

(4) 现场规程中根据现场情况补充的其他项目。

(二) 备品备件和专用工器具

(1) 核对备品备件和专用工器具清单。

(2) 检查备品备件包装情况,应分别装箱,且箱体上有可识别标记。

(3) 检查专用工器具摆放位置。

(4) 现场规程中根据现场情况补充的其他项目。

八、服务平台维护

服务平台业务使用方面的维护包括日常功能巡检、用户操作指导、功能配置变更、账号权限管理、应用问题受理及解决、业务应用统计等;服务平台技术方面的维护包括信息网络、安全设备、主机、存储、数据库、操作系统、中间件、应用软件(技术部分)及其他信息基础设施的维护工作。

(一) 巡检

服务平台运行期间,日常巡检维护周期为每周一次;内河港口岸电设备停运期间,巡检维护周期为每月一次。服务平台的巡检应包括以下各项:

(1) 检查服务平台各设备工作状态;

(2) 检查服务平台网络运行状态;

(3) 检查服务平台内部通信以及平台与外部通信状况;

(4) 检查实时数据刷新、事件、报警功能;

(5) 检查服务平台时钟及各设备的时钟同步情况;

(6) 检查服务平台电源部分的输入电压、输出电压、输出电流等参数;

(7) 检查报表生成与打印、报警及事件打印、拷屏等功能;

(8) 检查操作系统、数据库运行状况;

(9) 检查历史数据库备份装置工作状态及磁盘空间裕量;

(10) 检查计算机设备 CPU 负荷率、内存使用情况、应用程序进程或服务的状态;

(11) 现场规程中根据现场情况补充的其他项目。

(二) 维护

服务平台维护主要包括运行监控、巡检、故障处理、应急处理、技术支持、平台调优、软硬件升级、平台资源分配等内容,具体有以下各项:

(1) 服务平台账户、密码、网络、数据库、程序备份、历史数据备份、平台安全防护等应有专人管理。

（2）所有账户及其口令的书面备份及程序备份、历史数据备份应妥善保存，以备紧急情况下使用。

（3）对服务平台所做的维护、缺陷处理、技术改进等工作应进行书面记录。

（4）对服务平台的修改，应制定相应的技术方案。修改后的服务平台应经过模拟测试和现场试验，合格后方可投入正式运行。实施服务平台改进前，应对当前运行的服务平台进行备份并做好记录。改进实施完成后，应做好最新服务平台的备份，及时更新服务平台功能手册以及相关运行手册。

（5）遇有硬件设备需要更换时，应使用经通电老化处理检验合格后的备件。

（6）更换硬件设备时，应采取防设备误动、防静电措施，做好相关记录，并更新台账。

参 考 文 献

[1] 晴艳，沈寅，张健．上海港船舶大气污染物排放清单研究［J］．安全与环境学报，2012（5）：57-64.

[2] 刘静，王静，宋传真，等．青岛市港口船舶大气污染排放清单的建立及应用［J］．中国环境监测，2011（3）：50-53.

[3] 谈健，韩俊，归三荣，等．船舶岸电系统发展及应用［J］．上海海事大学学报，2017，38（3）：90-95.

[4] 黄细霞．典型港口岸电比较及对中国港口岸电的启示［J］．港航节能，2009（4）：2-5.

[5] 张婧．重庆朝天门智能港口岸电技术应用研究［J］．电力需求侧管理，2017（2）：51-53.

[6] 覃途远．大功率交流变频稳压系统的设计与实现［D］．武汉：武汉理工大学，2012：12-15.

[7] 陈枫．船舶岸电电源多机并联的并网无缝切换技术的研究［J］．电气工程学报，2017，12（4）：34-36.

[8] 袁庆林．港口船舶岸电供电技术的研究与应用［J］．上海造船，2010（2）：36-39.

[9] 王金旺．船舶岸电技术应用研究［D］．北京：华北电力大学，2015：15-18.

[10] 李晓光．基于双频电源技术的船舶岸电系统研究［J］．智能电网，2015，3（8）：726-729.

[11] 霍伟强，付威，徐广林，樊立攀，秦建松，余珂川，杨钧成．港口岸电技术及其推广分析．能源与节能，2017（2）．

[12] 交通运输部综合规划司．2017年交通运输行业发展统计公报．索引号 2018-00298.

[13] 李晓光，卜佩征．基于双频电源技术的船舶岸电系统研究［J］．智能电网，2015，3（8）：726-729.